財務管理の基礎知識

[第4版]

財務諸表の見方から経営分析、管理会計まで

平野 秀輔

[著]

The Basics of
Financial Management

HIRANO Shusuke

東京 白桃書房 神田

第4版の刊行にあたって

　本書『財務管理の基礎知識』は2004年にその初版が発行された。とすると，本書も数え年なら今年で二十歳である。この本は純粋に，経営分析と管理会計について，分かりやすいものを人々に届けようという思いで執筆したものである。そして，本書は自分の出版物の中で最も多くの読者を得ることができており，当初目的が達成されていると考えると，大変な幸福感を感じるものである。20年も同じ題名で出版をするより変えた方が，という意見もあるが，本書を執筆した初心は忘れたくないので，やはり第4版として改訂を出すことにした。この第4版は，第3版までの記述を見直し，より学習効果を上げるために復習問題を加えたものである。今現在，この分野における基本書として，自分の持っているものをほとんど書きあげることができたという思いもあり，以下は少々感傷的なことを記述させてもらう。

　思えば，二十歳の夏に北海道の道北を歩いていた時に，バックパックに入れておいたのは，レイチェル・カーソンの『沈黙の春』だった。そこでは「私たちは，いまや分れ道にいる。（中略）どちらの道を選ぶべきか，いまさら迷うまでもない。長いあいだ旅をしてきた道は，すばらしい高速道路で，すごいスピードに酔うこともできるが，私たちはだまされているのだ。その行きつく先は，禍いであり破滅だ。もう一つの道は，あまり《人も行かない》が，この分れ道を行くときにこそ，私たちの住んでいるこの地球の安全を守れる，最後の，唯一のチャンスがあるといえよう。」[i]と人類に対して警告を発している。つまりカーソンがそれを述べてから実に60年以上，自分がそれを読んでから40年以上も時は過ぎている。『沈黙の春』は「農薬に関する配慮不十分な使用」に関する指摘が主であったと考えられるが，全体を貫く主張は「自然の摂理に必要以上に介入してはいけない」ということだと自

分は捉えている。

　話しは少し離れるが，自分の趣味は魚釣りである。魚釣りも環境破壊のひとつだという指摘を受けることもある。ただ，自分がこよなく愛する釣りは Fly Fishing とアユの友釣りである。Fly Fishing は，魚にもしっかりと見えると思われる太い「Fly Line」を水に付け，その先には「浮き」も「錘」も付けず，魚に銜えてもらうものは自分で作った Fly（まあ「毛鉤」というのか）になる。そして今の自分は淡水面では船に乗らず必ず岸から釣るようにしている。広く長いアムール川の源流やノルウェーのガウラ川で，一週間寝る間を惜しんで釣りをしても，自分が釣る範囲なんて氷山の一角にも満たない。

　アユの友釣りも，面倒な釣りである。餌は付けずに，活きている「囮鮎」を糸に通し，川に居る野鮎にアタックさせて釣りあげるというものである。釣った鮎は囮に変わる。つまり，釣れれば囮が循環し，多くのアユがかかるし，釣れなければ囮がどんどん悪くなるので，余計に釣れない。アユがしっかりいる川に行けば，無数のアユが見える。しかしどんなにやっても友釣りではそのほんの一部しか釣れないと思う。

　このように，「釣りたい」という欲望と，それを制御する究極の形が Fly Fishing と友釣りには集約されていると思う。つまり，釣りにくい釣りなのだ。それでもその面白さから，休暇という時間と，釣りに対するエネルギーを，異常なほど消化させているのだと思う。多くの魚を釣ることを目指すのならば，若干の道具立てと自分の技術を上げるだけ。いたってシンプルなものである。しかし，Fly Fishing 友釣りも「難しい」，「釣れない」，「お金がかかる」等の理由から近年はその愛好家が増えていないという話をよく聞く。難しくて，結果がなかなか出ないものは敬遠される，そんな世の風潮も感じる。つまり，すべての人々に突き付けられている環境問題も同様で，それに対する行動について，これまでの常識を変えなければならず，それに対する結果がすぐ出るものではなく，またその理想には莫大なコストがかかることもあり，自分も含めていわゆる「総論賛成，個人レベルの各論は別」という

ことになっているではないかと考えている。

　このような状況の中，『サピエンス全史』の著者ユヴァル・ノア・ハラリは，全世界のGDPの２％を投資すれば，壊滅的な気候変動を防げる[ii]とも言っている。そして，全人口の3.5％の人々を動かせれば，社会は変えられるとも言われている[iii]。もうすでに国連からSDGsという目標も設定されているので，今後は良い方向に進むのかもしれない[iv,v,vi]。

　上記のようなことを毎日考えており，63歳の今，遅きに失した感はあるが，人社会の一員として，何をすべきかを明確にし，それを考慮して日々の生活する，ということを改めてしていこうと，今，考えている。

　　　2023年3月

　　　　　　　鳥も昆虫も減ったと実感する武蔵野の春に

　　　　　　　　　　　　　　　　　　平　野　秀　輔

i　［カーソン 1962］313頁。

ii　［ハラリ 2023］103頁。

iii　［WingArk1st 2023］。

iv　ただし，一方で斎藤幸平氏は「かつて，マルクスは，資本主義の辛い現実が引き起こす苦悩を和らげる「宗教」を「大衆のアヘン」だと批判した。SDGsはまさに現代版「大衆のアヘン」である。」（［斎藤幸平 2020］Kindle版の位置 No.18-19）とも記載しており，これに関しても自分は頷いてしまうことがある。

v　［環境省 2013］第2章第2節では，「1970年に世界中の有識者が集まって設立されたローマクラブは，1972年に「成長の限界」と題した研究報告書を発表し，人類の未来について，「このまま人口増加や環境汚染などの傾向が続けば，資源の枯渇や環境の悪化により，100年以内に地球上の成長が限界に達する。」という警告しました。」と記載しており，既に半世紀前からこのような危惧があり，それに対して明確な姿勢を自分自身は示せていないという反省と，世の中もそれができていないのではないかと考えることもある。

vi　［中野剛志 2022］87頁では経済人類学者カール・ポランニーが1944年に著した『大転換』の概要として，「十九世紀のイギリスでは，労働者の苦境，都市のスラム化や地域社会の荒廃，あるいは環境破壊といった新たな問題が生じました。」とし，さらに「産業革命によってもたらされた新しい機械や設備が，その原因の一つであることは確かでしょう。しかし，ポランニーは，機械設備の進歩それ自体というよりは，それがもたらした思想の変化に根本的な原因があると考えました。」としている。19世紀も現代も，根本原因は人の思想なのであろうか。

第3版の刊行にあたって

　本書の初版は2004年であり，早13年の時が経過した。当初の出版趣旨は，「社会人に必要とされる財務諸表の見方，経営分析の手法，管理会計の考え方，の基本を分かりやすく説き，ひいては効率的に学習できるように配慮すること。」であった。この13年間に，旧版に記載されていた基本的な理論で大きく変わったものはない。しかし，これまでの業務や講義の経験を踏まえ，今一度，当初の出版趣旨に本書の記述が沿っているかという観点から，全章にわたり旧版を見直すこととした。

　具体的には，本文の内容をより基本的な事項に限定し，補足的あるいは応用的な事項はすべて章末の注に記載した。そして，本書は研究者の方々にも用いられることがあったために，定義や概念についていくつかの説に分かれる場合には，可能な限りそれも章末の注で示すこととした。また，筆者が本書の内容について講義をするときに用意する資料も，初版の刊行当時と現在では当然に変わってきており，それもできるだけ反映した結果，特にCVP分析とキャッシュ・フロー計算書については，旧版より詳細に記述した。

　初版刊行から現在も変わらないことだが，本書の内容について着実に理解できていれば，通常必要とされる基本知識は十分に身についていると考えている。また，経営分析については，読者がそれぞれ自分の環境や分析対象に合った手法を見つけていくことが必要であると考えるが[i]，そのためには，本書に記載された基本的事項を，実際の状況や数値を用いて理解を深める機会を多く持つことが有効である。それゆえ筆者の講義では，毎年，受講者の要望に合わせた企業について，その最新の財務諸表を用い，本書に記載されている方法をそれらに当てはめ，そこから何が読み取れるかを，それぞれの受講生に考えてもらう時間を多くとるようにしている。

　これまでの筆者の経験において，実直に本書の内容の理解に努め，ある程度の時間を費やし，たとえ同様の環境で学習している他者と比して遅れているような感覚を持ったとしても，それに揺るがずに学習できた者は，その後さまざまな状況において，本書の内容を応用して実務や学習を進めている。ただし，このような者は本書の内容について，ほとんど初学者であった方が多い。学習でも，実技でもそうだが，その中で基礎と考えられる部分を反復して取り組み，暗記ではなく理解として，あるいは基本的なフォーマットとして，自分のものとするように注力することが重要である。しかしその当初は費やした時間に比して効果が見えにくいことが多い。その状況で，「初めだから理解に時間がかかるのは当たり前だ」として，辛抱強くそれをこなせた学習者は，しっかりとした基礎ができたことにより，その後の学習や実技は円滑に進み，応用能力をも備えていることが多い。

　その一方で，本書の内容を表面的には知っており，具体的な内容について深く再考しなかった者は，それまでの学習で得ていた解釈のままで留まってしまい，結果的に前者ほど効果が出ていないことがある。せっかく，新しい分野の体験，あるいは，それまでの基礎を見直そう，という意思を持ったのに，効果がなかなか現れない期間に耐え切れず，間に合わせの学習や練習ばかりに終始してしまうと，それまでと同じ解釈や動作を繰り返してしまうために，その後の成長がはなはだ寂しいだけでなく，逆に元より質が劣ってしまうことさえある。そのようなことがないように，本書を手にした皆さんには，特に第1章から第7章までは，「暗記ではなく理解する」，という意思をしっかり持って，読み進んでいただきたい。

　第3版の刊行にあたっても，株式会社白桃書房代表取締役大矢栄一郎氏には多大なご尽力をいただき，また，公認会計士・税理士遠藤達徳氏には業務多忙の中，ご協力をいただいた。ここに深く感謝する次第である。

2017年3月

平　野　秀　輔

i　［Penman 2013］では随所に，"Build Your Own Analysis Engine" と記載されており，原則や方
　法について，著書内で紹介されているものを使いながら，自分自身の手法を開発していくことを
　述べている。

第2版増補版の刊行にあたって

　本増補版は，第2版の記述につき若干の加筆補正を行うとともに，第9章に「経営計画の作成」の記述を加えた。これは専門職大学院における講義において，これから起業する院生に対してファイナンス等の指導を行う際に用いているもので，日本における起業の際に通常起こり得る状況を考慮して作成したものであるが，通常の企業においてもその考えは同様である。この経営計画事例は通常の損益計画だけではなく，キャッシュ・フロー計画も併せて例示・解説しているので，起業時の事業シミュレーションとしても最適であると考えている。講義を受けた院生達も是非本書に掲載してほしいという要望があり，それに応えた形となった。今後もかような要望があればできるだけ取り入れ，本書をより充実したものにしていきたい。

　2011年3月

NYへ旅立つ前に

平 野 秀 輔

第2版の刊行にあたって

　本書の初版は関係各位のお陰をもって3刷を重ねることができた。しかしこの間に，読者からの質問・要望も多く頂き，表現や説明の見直しが必要であると認識してきた。一方で，経営分析・管理会計に対する学習ニーズは年々高まっており，それに対応するかのように「基礎知識」といわれる範囲も広がりを見せてきた。

　そのような状況を踏まえ，初版の記述を大幅に加筆・校正し，さらに記述内容の追加（財務レバレッジ，内部統制等）と第12章を加えたものがこの第2版である。第12章「企業価値の算定」については，詳細に説明すると膨大なボリュームとなってしまうことから，あえて初版では記述しなかった部分である。しかしながらM&Aが加速する現代社会において，企業価値に関する最低限の知識は管理者として必要であるという認識が，最近の実務を通じて強まったことから，新しい章として加えることにした。しかしながら本書の性格上，この章だけボリュームが多くなることは好ましくないので，基本的な考え方だけをなるべく少ないページ数で記述するため，その膨大な内容からの取捨選択を繰り返した。

　なお，第2版の出版に関しては，日本工業大学専門職大学院教授　宇野永紘先生から多大なるアドバイスをいただいた。ここに深く御礼を申し上げる次第である。

　2004年の初版当時と2008年の今を比べると，世の中は当然のことながら，自分自身も変わってきていることに気がつく。異常気象に伴うモンゴルの自然破壊を目の当たりにしたせいか，H.Dソローやレイチェルカーソンの本が入ったバックパックを背負って，北海道を一人で気ままに歩きながら，環境問題を考えていた学生時代の自分に，頭の中が戻ったかのような気さえす

る。その一方で今後，中国やインドが日本に対して今より大きな影響を与え
てくるであろうことを考えると，それに対応するために日本の特色をもっと
強く出していくことの必要性を感じている。その模範は北欧諸国にあるよう
な気もするが，それをそのまま真似るのではなく，打ち出す方向性に日本独
自の文化が入ってなければならないだろう。最近漠然と，「日本人が今一度
省みて，大事にしなければいけない日本独自の文化とは何であろうか」と考
えることが多くなった。そのせいか毎朝，神棚と仏壇の前で手を合わせてい
る自分がいる。

　若返ったのか，それとも当然に年をとったのか。何だかわからないが，こ
の調子で生きていこう。

　　2008年 8 月

　　　　　　　　　　　　　　　武蔵野の蝉時雨を聞きながら

　　　　　　　　　　　　　　　　　　平　野　秀　輔

はしがき

　日本における会計の学習は一般的に，簿記，会計学，そして経営分析・管理会計という順序で進められる。そこで最初に学習する「簿記」では，会計データ（帳簿など）の作成や，財務諸表といわれる貸借対照表や損益計算書等の作成方法の習得に主眼を置いている。しかしながら，帳簿や財務諸表が作成できることと，出来上がった財務諸表を理解することは別ではないかと以前から考えていた。料理評論もその道のプロなら料理を作る事が出来るであろうが，料理が作れない人であってもそれなりに「いい・悪い」と言うことは出来る。すると簿記や会計学の学習を一通り終えなくても，経営分析や管理会計についての考え方を理解するアプローチがあっても良いのではないか，という思いがかねてよりあった。

　そんな折，企業実務ではコンプライアンスが提唱され，管理者の責任が以前にも増して問われるようになり，必然的に管理者に対する会計教育が重視されるようになった。そのお陰をもって著者も財務や経理の業務経験がない方々に対して，会計に関する講義を依頼される事が多くなった。しかし，そこで簿記の知識を多く用いて説明をすることは，日本語だけを使う人に英語で話をしているのと同じような感覚があった。であるからと言って営業一筋で来た方々や技術系の管理者の方々に，簿記を最初から学習していただくことは，その費やす時間に対して即戦的な効果も低く，なにより興味を却って損ねてしまう事が多かった。そこで何とか「会計語」をせめて「企業語」に翻訳して伝えなければならない事を痛感し，その実践に悪戦苦闘してきたのがこの4年間である。

　そこで簿記の知識が十分ではなくても，何とか財務諸表が読めるように，経営分析の考え方がわかるように，管理会計の方法について興味を持ってい

ただくようにと，講義に際してテキスト以外の資料をその都度用意してきた。

それらを一冊の書物としてまとめたものが本書である。この企画は株式会社白桃書房代表取締役　大矢栄一郎氏の御好意に甘えさせていただいたもので，ここに深く感謝する次第である。また執筆にあたり，公認会計士　山田岳氏，公認会計士　佐々木裕美子氏をはじめ新橋監査法人の皆さんには，多大な御協力をいただいた。書面を借りて，ここに御礼申し上げたい。なお本書の原稿は全国農業協同組合中央会教育部長　濱田達海氏をはじめ，会計士補，会計事務所職員，実業家の方々，釣り仲間達，果ては家内までモニターとなっていただき意見を拝聴し，読者として理解しにくい表現を改める事が出来た。モニターの方々には本当にありがとうと言いたい。

本書が出版される頃には，またノルウェーの川に鮭が上ってきていることだろう。原稿の手を休め作ったフライに，鮭達はきっと今年も応えてくれるだろう。

2004年4月

平　野　秀　輔

目　次

序章　本書の構成及び学習の進め方

1．本書の構成

　「財務管理」とは，企業における資金の調達とその運用について，計画を立て統制（コントロール）する行為をいう。そして企業における「財務」の内容について，さまざまな情報を提供する書類が「財務諸表」である。よって本書ではまず，第1章において「財務諸表の考え方」を，第2章において「経営分析の基礎」と題して具体的な財務諸表の読み方を解説している。さらに財務諸表によって得られる情報の内容をより深く理解するため，第3章から第7章までは「経営分析」の手法を解説している。

　第8章では「計画と統制」に役立つ情報を提供する「管理会計」の概要を述べ，それを受けて第9章では「経営計画と予算」について，第10章では計画の作成時や問題の解決時に利用される「意思決定会計」について解説している。さらに第11章においては「企業価値の算定方法」について基本的な手法を解説している。

2．本書による学習の進め方

　本書はできるだけ平易な解説を心がけており，基本的には第1章から順に学習していただくようになっている。しかしながら，各章ごとにその理解の進み方は異なると思われるため，以下のように各章についての難易度を示しておいた。よって難易度の低い章から先に学習していただき，次に中難易度の章を学習していただくことも効率的だと思われる。なお，章末の注については応用的な記述も多いので，必要に応じて読んでいただければよいと考える。高難易度とした第1章5，第7章，第10章，第11章も同様である。

　また，最後の復習問題を解くことにより，それぞれの章の重要な論点を復

習できるようになっている。

内　　容	難　易　度		
	低	中	高
第1章　財務諸表の考え方	○（4まで）		○（5）
第2章　経営分析の基礎	○		
第3章　収益性の分析	○		
第4章　付加価値の分析	○		
第5章　財務安定性の分析	○		
第6章　損益分岐点の分析及び CVP分析		○	
第7章　キャッシュ・フローの分析			○
第8章　管理会計の基礎概念	○		
第9章　経営計画と予算	○		
第10章　意思決定会計			○
第11章　企業価値の算定方法			○

第1章　財務諸表の考え方

　財務諸表[1,2]とは，企業が外部に対して会計報告を行うために作成される書類であり，この主なものとして貸借対照表と損益計算書がある。ここでは，貸借対照表及び損益計算書についての基本的な考え方を述べ，それらの表の変動がどのように表現されるか，特に企業業績の判断で重要視される利益にどのような影響があるかについて検討する。

1．貸借対照表の考え方

　貸借対照表（Balance Sheet：B/S）[3]とは一定時点（これを貸借対照表日，決算日などという）での企業の財政状態（資産と負債及び純資産のバランス）を示すものである。一般的に貸借対照表は資産を左側（簿記では借方という）に，負債及び純資産を右側（簿記では貸方という）に記載することによって，対照表示がなされている。なお，一定時点というのは例えば3月31日が決算日の場合，3月31日の営業が終了した時点をいい，そこでの資産・負債・純資産の状態を一枚の「写真」のように記録したものが貸借対照表である。

貸 借 対 照 表

資　　　産	負　　　債
	純　資　産

(1)　負債及び純資産の考え方

　まず，右側は貸借対照表日現在においてこの企業がどのような方法で資金を集めているか，すなわち「資金調達の状況」を示している。企業はその活動のため資金を必要とするが，調達した資金のうち返済が必要なものを「負

債」[4]といい，それが不要なものを「株主資本」[5,6]という。株主資本は純資産の一部として表示される。なお，純資産は株主資本以外のものがあるが，これについては5．に記載されている。

> 負　　債・・・返済が必要な資金調達
> 株主資本・・・返済が不要な資金調達

　負債及び株主資本の主なものについて，資金調達の観点から説明すると次のようになる。

　① 　負債の概要

　　1） 　借入金・社債

　返済が必要な資金調達の代表的なものである。

　　2） 　支払手形・買掛金

　棚卸資産（商品・原材料等をいう）を購入して代金がいまだ未払である場合の債務を買掛金といい，その支払いを延ばすため手形を先方に渡しているものを支払手形という。これらは取引先からいったん借入れをし，その後現金購入したのと同様に考えられるので，資金調達と考えられる。

　　3） 　未　払　金

　棚卸資産の購入以外の未払代金は未払金とされ，2）と同様に資金調達と考えられる。

　　4） 　前　受　金

　商品などを販売する際に，手付金としてその引渡しを行う前に受け入れるもので，資金としては使えるため，借入金と同様に資金調達となる。

　② 　株主資本の概要

　　1） 　資　本　金

　株主より受け入れた資本金はその企業が清算もしくは特別な手続（減資・合併等）をとらない限り，返済不要な資金調達である。

　資本金の金額は，会社の登記簿（全部事項証明書）に記載されている。

　　2） 　剰　余　金

剰余金とは株主資本のうち，資本金以外のものをいう。その主なものは株主や出資者から払い込みを受けた資金のうち，会社の登記簿上「資本金」としなかった部分（払込剰余金[7]）と，企業が自ら獲得した利益（利益剰余金）である。払込剰余金は資本金と同様の性格を持ち，利益剰余金は企業が自ら獲得したものであるから共に返済の必要がない。よってこれらは返済不要な資金調達と考えられる。なお，利益剰余金は過去の期間に獲得されたものと，当期の期間に獲得したものの両方が併せて記載される。

(2)　資産の考え方

次に左側の資産について考える。これは貸借対照表日において調達している資金をどのような形で保有しているか，すなわち広い意味での運用を示すものである。つまり負債もしくは資本として調達されている資金が，具体的にはどのような形で存在しているかを示すものである[8]。

資産・・・調達した資金の運用形態

資産には実際に目で見えるようなもの，すなわち現金や商品，土地，建物，車両，備品などのほか，法律上の権利である債権や無形の財産権などが記載される。資産の主なものをあげると次のようになる。

1）現　　金
紙幣及び硬貨，その他現金同等物が現金として表示される。

2）預　　金
銀行預金，信用金庫や協同組合への貯金などが預金とされ，1）と併せて現金及び預金として表示される事が多い。

3）有価証券
株式・公社債などで短期間に頻繁に売買されるもの，及び償還期限が貸借対照表日の翌日から1年以内の債券が有価証券として表示される。

4）受取手形・売掛金・電子記録債権・クレジット売掛金
商品や製品を販売したが，代金が未回収のものは売掛金という債権として

表示され，代金に代えて手形を受け取ったものは受取手形という債権として表示される。クレジットカードや電子マネーによる売上はクレジット売掛金となる。また，売掛金を電子決済機関に登録したものは電子記録債権として表示される。

5） 商品・製品・原材料など

販売用の商品・製品，製造用の原材料はそれぞれの名称で表示されるか，「棚卸資産」としてまとめて表示される。棚卸資産とは販売・製造のために所有するもので現品をカウント（棚卸という）できるものをいい，これらの他に製造中のものとしての「仕掛品」，製造途中であるがそのまま販売可能である「半製品」，その他販売用資材（梱包用品，包装用品）などの「貯蔵品」がある。

6） 未 収 金

棚卸資産の販売や営業としての役務提供以外によって生じた代金の未収部分すなわち債権は未収金として表示される。

7） 貸 付 金

企業外部や役員・従業員などに金銭などの貸付を行った際に生じる債権は貸付金として表示される。

8） 建物・構築物・機械装置・車両運搬具・器具備品・土地など

建物…本社・支店・工場などの建物。

構築物…橋，庭園など建造物で建物以外のもの。

機械装置…製造用機械，ベルトコンベアなど。

車両運搬具…自動車など。

器具備品…机，パソコンなど上記以外のもの。ただし金額が少ないものや，
　　　　　1年以内にその使用が終了するものは資産とはならず，後述する
　　　　　費用（消耗品費）となる。

土地…企業が所有する土地。

これらを取得した（買い入れた）場合には，それぞれの名称をもって表示される。

9）　投資有価証券

株式・公社債などのうち，前述した有価証券とされなかったものが表示される。

(3)　貸借平均の原理

このようにして考えると貸借対照表は，同じ資金をその調達側と運用側で対照表示している表であることがわかる。すなわち常に資産と，負債及び純資産の合計は一致する。これを貸借平均の原理[9]といっている。

$$資産＝負債＋純資産$$

(4)　設　　例

以上の関係を簡単な設例を用いて，それぞれの段階で貸借対照表がどのようになるか理解を進めてみよう。なお①から⑤までの例はひとつの企業の中で連続して生じたものとし，金額は故意に小さくしてある。

①　株主より資本金10,000円を受入れ，預金（普通預金）とした。

貸 借 対 照 表

預　　金　10,000	資 本 金　10,000

株主から資本金として10,000円の資金調達（株主資本）をし，それを預金（資産）としている（運用している）事を示す。

②　銀行より20,000円を借入れ，預金（普通預金）とした。

貸 借 対 照 表

預　　金　30,000	借 入 金　20,000
	資 本 金　10,000

銀行から借入金という返済が必要な資金調達（負債）をし，それを先の10,000円と合わせて預金としている事を示す。この結果，資金調達の合計

（負債＋株主資本）は30,000円となり，すべてそれが預金となっている事を示している。

③　預金のうち25,000円を使い，建物を取得した。

貸 借 対 照 表

預　　　金	5,000	借　入　金	20,000
建　　　物	25,000		
		資　本　金	10,000

　資産（運用）の内容が変化し，預金から建物に25,000円が振り替わる。しかし，資産の合計及び負債・株主資本の合計は変化しない。つまり，30,000円の資金調達をし，それを預金5,000円と建物25,000円で運用していることになる。

④　仕入先より商品30,000円を仕入れ，代金は未払い（掛）とした。

貸 借 対 照 表

預　　　金	5,000	買　掛　金	30,000
商　　　品	30,000	借　入　金	20,000
建　　　物	25,000		
		資　本　金	10,000

　商品を仕入れ（購入し）たが代金は未払いである。これは前述したように資金の調達と考えられるので，買掛金という返済が必要な負債が30,000円増加し，商品という資産が同額増加する。この状態では，資金調達すなわち負債及び株主資本の合計は60,000円であり，それを預金5,000円，商品30,000円，建物25,000円で運用していることになる。

⑤　④の商品のうち16,000円を20,000円で売上げ，代金は未収（掛）とした。

貸 借 対 照 表

預　　　　金	5,000	買　掛　金	30,000
売　掛　金	20,000	借　入　金	20,000
商　　　　品	14,000		
建　　　　物	25,000	資　本　金	10,000
		利益剰余金	4,000
		（当期純利益）	

　まず資産については，商品の一部である16,000円が売上によって減少する。その見返りとして，売掛金という債権が20,000円増加する。結果的に資産は4,000円（＝20,000円－16,000円）増加する。この増加分は商品の販売によって得られた利益であるから返済の必要がない。よって資金調達の側では株主資本の項目として利益剰余金が増加する。この利益剰余金は当期に計算・計上されたものであるから「当期純利益」という。

2．損益計算書の考え方

　損益計算書（Profit and Loss Statement：P/L）[10]は貸借対照表に計上されている利益剰余金のうち，当期において計上された当期純利益（その期間にどれほど利益を上げたか）の内訳表である。すなわち当期純利益がどのように算定されたかを示すもので，そこでは利益の内訳を「収益（企業が受け入れた経済価値：利益に対してプラス（＋）の要因となるもの）」と「費用（企業が支出もしくは消費した経済価値：利益に対してマイナス（－）の要因となるもの）」の概念を用いて説明する。

　損益計算書において，例えば3月31日が決算日で会計期間が1年の場合，4月1日から翌年3月31日までの期間に生じた「収益及び費用」が記載される。すると貸借対照表が一定時点を表示する「写真」であるとするならば，損益計算書は一定期間の動きを説明する「動画」のようなものである。専門的には前者をストック，後者をフローの概念という[11]。また会計期間の始まりの日を「期首」といい，決算日を「期末」あるいは「当期末」という。そ

して貸借対照表においては,「当期の期首」と「前期末」は同じ数値をさす。

ここで貸借対照表と同じように,損益計算書の様式を示すと次のようになる。

損 益 計 算 書

費　　　用	収　　　益
当期純利益	

損益計算書は貸借対照表の利益の内訳を示すものである。すると,貸借対照表の右側（貸方）にある利益剰余金のうちの当期純利益の部分は,損益計算書に表示される収益から費用を控除した「純額」を表示しているともいえる。

	貸借対照表の利益剰余金のうちの当期純利益部分（純額）
費　　　用	収　　　益

費用＜収益

そして貸借対照表の当期純利益（右側＝貸方）は収益が費用より多い場合に計上されるので,貸借対照表と関連づけて損益計算書を考えると,収益は右側（貸方）に,費用は左側（借方）に記載されることになる。

ここで1.(4)⑤の設例に戻ろう。貸借対照表に計上された利益剰余金（当期純利益）4,000円は商品の売上代金20,000円からその購入した金額16,000円を控除することによって求められた。ここで売上代金（売上高という）を収益として扱い,購入した金額（売上原価という）を費用として扱うことによって損益計算書が作成される。

損 益 計 算 書

売上原価　16,000	売　上　高　20,000
当期純利益　　4,000	

3．試算表の考え方

　ここで 1.⑷⑤の貸借対照表と 2.で示した損益計算書を，それぞれ資産・負債・純資産（株主資本）・収益・費用の項目にまとめ，上下に並べてみる。

資　　　産　64,000　内訳　　　預　金　　5,000　　　売掛金　20,000　　　商　品　14,000　　　建　物　25,000	負　　　債　50,000　内訳　　　買掛金　30,000　　　借入金　20,000
	純　資　産　14,000　内訳　資　本　金　10,000　利益剰余金　　4,000　（当期純利益）
費　　　用　売上原価　16,000　当期純利益　4,000	収　　　益　売　上　高　20,000

　ここで貸借対照表の利益剰余金のうち当期純利益の部分（この例では全額の4,000円）と損益計算書の当期純利益（4,000円）部分は同じものが左右に記載されているので，これを相殺すると，簿記で用いられている「試算表」という表が出来あがる。

試　算　表

資　　産　64,000	負　　債　50,000
内訳	内訳
預　金　 5,000	買掛金　30,000
売掛金　20,000	借入金　20,000
商　品　14,000	
建　物　25,000	純　資　産　10,000
	内訳
	資本金　10,000
費　　用	収　　益
売 上 原 価　16,000	売 上 高　20,000

　一般的に会計帳簿とは，このような形の試算表を作成できるように，資産・負債・純資産・収益・費用に関する日々の変化を，簿記の技術（本書では扱わない）を用いて記録・集計することにより作成されるものである。一会計期間が終了すると，株主や債権者など企業外部の利害関係者（企業活動によって影響を受ける人の総称・ステークホルダーともいう。）に対し会計報告を行うために，当該期間の帳簿記入を終了し，その結果を集計して試算表が作成され，そこから貸借対照表と損益計算書（財務諸表）が作成される。ここで帳簿記入の終了からを財務諸表の作成までの手続きを「決算」という。つまり通常の会計は会計帳簿を作成し，決算の際にそこから試算表を作成し，さらにそれを貸借対照表と損益計算書に分解するという，今までの説明と反対の順序を辿ることになる。このように毎年規則的に，かつ関係法令や規則に従い，最終的に財務諸表を用いて企業の財務内容を外部に報告するために行われる会計を「財務会計」といい，これは「制度会計」ともいわれる。

4．会計上の判断による貸借対照表及び損益計算書の変化

　ここで今一度試算表を用いて，資産・負債・純資産・収益・費用の関係を理解するために，単純な数値を使って考えてみよう。いま簿記の記録によっ

て次のような試算表ができていたとする。

試　算　表

資　　　産　1,000	負　　　債　　300
	資　本　金　　400
	利益剰余金*　　100
費　　　用　1,300	収　　　益　1,500

＊この利益剰余金は過年度の利益である。

この状態で貸借対照表及び損益計算書を作成すると次のようになる。

貸 借 対 照 表

資　　　産　1,000	負　　　債　　300	
	資　本　金　　400	
	利益剰余金	過年度分　　100
		当期純利益 200

損 益 計 算 書

当期純利益　　200	収　　　益　1,500
費　　　用　1,300	

　そこで次のような6つのケースの経営管理者が行う会計上の判断を考えることによって，どのように貸借対照表及び損益計算書が変化するかを考えていこう。

　ケース①　備品150を現金購入して，これを資産とした場合

　備品を購入する現金は既に資産1,000の中に含まれている。これを150減少させ，備品という資産150を受け入れたことになるから，資産の額は変わら

ない。よって資産の内訳が異なるだけで，負債・純資産・収益・費用の額には何ら影響を与えないので，利益（損益計算書）も変わらない。

貸 借 対 照 表

資　産　1,000	負　　債　300
(−150＋150)	資　本　金　400
	利益剰余金　過年度分　100
	当期純利益 200

ケース②　備品150を現金購入して，少額とみなしこれを費用とした場合

　購入は物品が少額の場合には費用として処理することがある。このケースでは資産が資産が150減少して，費用が150増加し，結果として利益が150減少するので貸借対照表及び損益計算書は次のようになる。

貸 借 対 照 表

資　産　850	負　　債　300
(1,000−150)	資　本　金　400
	利益剰余金　過年度分　100
	当期純利益　50 (200−150)

損 益 計 算 書

| 当期純利益　50 (200−150) | 収　益　1,500 |
| 費　用　1,450 (1,300＋150) | |

ケース③　費用（売上原価）となっていた商品購入支出150が未だ販売されていないことが判明したことにより，これを訂正し資産とした場合[12]

費用150が減少して，資産が150増加し，結果として利益が150増加するので，貸借対照表及び損益計算書は次のようになる。

貸 借 対 照 表

資　　産　1,150	負　　債　300	
（1,000＋150）	資 本 金　400	
	利益剰余金	過年度分　100
		当期純利益 350
		（200＋150）

損 益 計 算 書

当期純利益　350	収　　益　1,500
（200＋150）	
費　　用　1,150	
（1,300－150）	

試算表を見るとわかるように，資産と費用は同じ側（左側・借方）に記載される。つまり資金調達を行い，ある支出がなされた場合には，資産もしくは費用となるのである。しかしこの処理の選択は大きな違いとなって現れる。つまりもともとある資産を他の資産に変えた場合（ケース①）には利益に対する影響はないが，資産を費用とした場合（ケース②）には利益は減少することとなり，費用を資産とした場合（ケース③）には利益が増加することになる。

そして同様に，資金の流入を収益とするか，あるいは負債もしくは純資産とするかでも大きな違いがある。次のケースを考えてみよう。

ケース④ 現金による収入金額100と，既に手付金（前受金として負債と
して計上されていた）として受け取っていた150を合わせて，売
上（収益）250とした場合

　この場合，現金という資産が100増加し，前受金としている負債150が減少
し，収益及び利益がそれぞれ250増加することになる。

貸 借 対 照 表

資　　　産　1,100 （1,000＋100）	負　　　債　150 （300－150）
	資　本　金　400
利益剰余金	過年度分　100
	当期純利益　450 （200＋250）

損 益 計 算 書

当期純利益　450 （200＋250）	収　　　益　1,750 （1,500＋250）
費　　　用　1,300	

　ケース⑤ 収益として計上していた100を前受金という負債にした場合

　この場合，収益が100減少し，負債は同額増加する。この結果利益が100減
少する。

貸 借 対 照 表

資　　産　1,000	負　　債　　400
	（300＋100）
	資　本　金　　400
	利益剰余金	過年度分　　100
		当期純利益　100
		（200－100）

損 益 計 算 書

当期純利益　　100	収　　益　1,400
（200－100）	
費　　用　1,300	（1,500－100）

ケース⑥　現金による収入金額200を資本金の増加とした場合

　この場合には，資産としての現金が200増加し，資本金も同額増加するが，利益には影響がないことになる。よって損益計算書は変化しない。

貸 借 対 照 表

資　　産　1,200	負　　債　　300
（1,000＋200）	資　本　金　　600
	（400＋200）
	利益剰余金	過年度分　　100
		当期純利益　200

流入した資金もしくはもともとある負債を収益とした場合には利益が増加（ケース④）し，もともとある収益を負債とした場合（ケース⑤）には利益は減少する。そして資金の流入を負債もしくは株主資本とした場合（ケース⑥）と，もともとある負債及び株主資本を他の負債及び株主資本とした場合には，利益に影響がないことになる。

５．応用事例による貸借対照表及び損益計算書の考え方

会計上の判断が貸借対照表及び損益計算書に与える影響を，応用事例を用いて説明してみよう。なお，これらの処理を行う前の貸借対照表と損益計算書は，断りがない限り先の説明で使用した試算表と同じものを用いている。

(1) 有価証券の時価評価

有価証券の時価評価とは，既に資産として計上されている有価証券（公社債・株式等）の価額を決算日現在の時価に置き換える（「評価替え」する）ことである（ただしすべての有価証券が時価評価されるわけではない）。すなわち時価評価を行う前では，有価証券は基本的に取得した時の価額（取得価額）で貸借対照表（試算表）に計上されている。なお，時価評価を行う前の会計帳簿及び試算表に記載されている価額を「帳簿価額」という。「金融商品に関する会計基準」[13]では時価と帳簿価額の差額である「評価差額」の処理について，これを当期純利益に影響させる方法と，影響させない方法が示されており，その有価証券の性格及び時価の変動度合いによってそのいずれかが選択適用されるが，その詳細，及びどのような有価証券が時価評価されるかについては財務会計の書物に譲るとして，ここでは適用した方法がどのように貸借対照表及び損益計算書に影響するかを示すこととする。

ケース① 帳簿価額300の有価証券を時価500で評価替えし，評価差額200は収益（「有価証券評価益」という）とした。

これによると資産及び収益は200増加し，結果として利益が200増加する。

貸 借 対 照 表

資　　産　1,200	負　　　　債　　300	
（1,000＋200）	資　本　金　　400	
	利益剰余金	過年度分　　100
		当期純利益　400
		（200＋200）

損 益 計 算 書

当期純利益　　400	収　　　益　1,700
（200＋200）	（1,500＋200）
費　　　用　1,300	

　ケース②　帳簿価額300の有価証券を時価500で評価替えし，評価差額200
　　　　は有価証券評価差額金として純資産に計上した。

　評価差額を収益又は費用としない場合には，「有価証券評価差額金」として直接，純資産（「評価・換算差額等」[14]）に計上する。これは株主資本とは区別されるものである。こうすることによって当期純利益及び損益計算書には影響が生じない。

貸 借 対 照 表

資　　産　1,200	負　　　　債　　300		
（1,000＋200）	資　本　金　　400		⎫
	利益剰余金	過年度分　　100	⎬ 株主資本
		当期純利益　200	⎭

20

	有価証券評価差額金 200	評価・換算 差額等 （もしくは，その他包括利益）

ケース③　帳簿価額300の有価証券を時価200で評価替えし，評価差額
（100）は費用（「有価証券評価損」という）とした。

この場合には，資産が100減少し，費用が100増加する。結果として当期純
利益は100減少する。

貸 借 対 照 表

資　産　900 （1,000 − 100）	負　債　300
	資　本　金　400
	利益剰余金　過年度分　100
	当期純利益　100 （200 − 100）

損 益 計 算 書

当期純利益　100 （200 − 100）	収　益　1,500
費　用　1,400 （1,300 + 100）	

ケース④　帳簿価額300の有価証券を時価200で評価替えし，評価差額
（100）は有価証券評価差額金として純資産に計上した。

資産及び純資産がそれぞれ100減少するが，ケース②と同様に当期純利益
及び損益計算書には影響を与えない[15]。

貸 借 対 照 表

資　産　900 (1,000−100)	負　　債　　300	
	資　本　金　400	⎫
	利益剰余金　過年度分　100	株主資本
	当期純利益　200	
	有価証券評価差額金 △100	評価・換算差額等 (もしくは，その他包括利益)

(2)　繰延税金資産の計上及び取り崩し

　繰延税金資産とは企業が負担する税金について，次のような状況がある場合にその計上が検討されるものである。

---

① 　今期費用に計上した税金のうち一部が，将来支払う税金から控除される場合。
② 　今期に生じた損失が将来の利益と相殺されて，結果的に将来支払うべき税金が減少する場合。

　そこで①及び②の税額を予め算定し，これを税金の前払い分もしくは将来の税金を減らす権利と考え，「繰延税金資産」という科目で貸借対照表に資産として計上し，その結果として当期の費用（法人税，住民税及び事業税）を減少させる処理を税効果会計という[16]（ただし，反対に今期の税金を将来に払う場合には「繰延税金負債」という負債が計上される事があり，その際には費用が増加する）。繰延税金資産は将来の税金を減額させる効果があるものであるが，それが確実に見込まれるものでなければその計上は認められず，いったん計上した後も企業環境の変化等によってその効果がなくなった場合には，これを資産から減額して費用としなければならない。

ケース①　今期の費用として計上されている税金のうち，400が将来の納税から控除されるものであった。

　税効果会計を適用すると，400資産が増加し，費用は400減少（法人税等調整額として減算）する。その結果，利益は400増加する。

貸 借 対 照 表

資　　産　1,400	負　　　債	300
（1,000＋400*）	資　本　金	400
＊繰延税金資産	利益剰余金 過年度分	100
	当期純利益 600 （200＋400）	

損 益 計 算 書

当期純利益　600	収　　　益　1,500
（200＋400）	
費　　用　900	
（1,300－ 法人税等調整額400）	

ケース②　既に計上していた繰延税金資産400のうち，300は将来において使用見込がないものと判断され費用とした。なお，この処理を行う前の貸借対照表及び損益計算書は次のとおりであった。

貸 借 対 照 表

資　　産　1,500	負　　　債	700
＊うち400は繰延税金 資産	資　本　金	400

| | 利益剰余金 | 過年度分　　300 |
| | | 当期純利益　　100 |

損 益 計 算 書

当期純利益　　　100	収　　　益　　1,300
費　　　用　　1,200	

　これにより資産は300減少し，費用は300増加（法人税等調整額として加算）する。結果として当期純利益は300減少し，200の損失（△）となる。

貸 借 対 照 表

資　　　産　1,200 　　（1,500−300） ＊繰延税金資産は 400−300＝100となる	負　　　債　　700
	資　本　金　　400
	利益剰余金　過年度分　　300
	当期純利益　△200 　（100−300）

損 益 計 算 書

当期純利益　　△200 　　（100−300）	収　　　益　　1,300
費　　　用　1,500 （1,200＋ 法人税等調整額300）	

(3) 退職給付引当金の追加計上

　従業員に対する退職金規定がある場合には，従業員が退職する時点でその勤続年数，給与水準，功績等によって退職金が計算支給される。退職金の支払いは従業員の退職時に行われるが，退職金相当額の働きの成果は勤続期間中に現れているはずであるから，利益の計算を正確に行うためには，その期間に働いている従業員に対する将来の退職金相当額をも費用とする事が必要となる。

> 退職金⇒働きの対価相当額は後払い
>
> ⇓
>
> 今期の働きについての退職金相当額は費用処理が必要

　貸借対照表日において，現在勤続している従業員に対し，どれくらいの退職金を支払うことになるかという金額を見積もったものを「退職給付債務」といい，この金額を前期と当期で比較し，当期のそれが多ければその部分だけ退職金相当額が当期において発生したことになり，この差額は「退職給付費用」という費用になる。

> 当期末の退職給付債務－前期末の退職給付債務＝退職給付費用

　企業によってはこのうち一部もしくは全部を外部の保険会社や信託会社に，年金として積み立て（「年金資産」というが，企業では支払時に費用で処理するため資産に計上されない）るために毎月あるいは必要に応じて支払いを行い，実際の退職時にそこから退職金の一部もしくは全部を支給することがある。

> 退職金　⟶　年金資産から支払い
> 　　　　⟶　企業が直接支払い

　すると退職給付費用のうち，年金資産として外部に支払った部分については，支払いが行われた時点で他の資産が減少することにより費用が計上されるが，残りの部分は支払いが行われないため，費用を計上するためにはそれ

に見合った負債を計上する必要がある。貸借対照表の負債としてこれを計上したものを「退職給付引当金」という[17]。

```
退職給付費用  →  年金資産の積み立て        →  他の資産が減るため
                  (外部の金融機関等              通常の費用となる
                   への支払い)
              →  従業員への直接支払い部分  →  退職給付引当金
```

　ここで「引当金」という名称を用いるのは，未払金などのすでに確定した債務ではないためである。つまり退職金の支払いは実際に従業員が退職した時点で確定することになるので，決算日現在においては未確定であり，通常の確定した債務と区別することから，「引当金」という名称が使用されるのである。

　すると企業の退職給付引当金は基本的に以下の計算式で算定されていることになる。

```
退職給付引当金＝退職給付債務－年金資産の金額（外部積立額）
```

　しかし外部積立額である年金資産が，預け入れ先における運用の失敗などにより減少したり，あるいは予め設定した利回りで運用できなかったりすると，結果的に退職給付引当金を追加計上しなければならないことになり，利益を減少させることになる。

　ケース　負債に計上されている退職給付引当金は100であった。決算にあたり，退職給付債務は400と計算された。一方で，年金資産の金額は運用予定では300であったが，実際の評価では250であった。

　年金資産が予定通りの運用であれば，退職給付債務400－年金資産の金額300＝100となり退職給付引当金は正しいことになるが，年金資産の実際の評価額は250であったため，50の退職給付引当金を追加計上する必要が生じる[18]。すると負債（退職給付引当金）と費用（退職給付費用）はそれぞれ50増加し，結果的に当期純利益は50減少する。

貸 借 対 照 表

資　　産　1,000	負　　債　350
	（300＋50）
	資　本　金　400
	利益剰余金　過年度分　100
	当期純利益　150
	（200－50）

損 益 計 算 書

当期純利益　150	収　　益　1,500
（200－50）	
費　　用　1,350	
（1,300＋50）	

注

1　「財務諸表」という用語は，金融商品取引法に関する内閣府令である「財務諸表等の用語，様式及び作成方法に関する規則」で第1条において，「貸借対照表，損益計算書，株主資本等変動計算書及びキャッシュ・フロー計算書並びに附属明細書」とされている。一方，会社法においては「計算書類」という用語が用いられており，会社法第435条第2項では，「計算書類（貸借対照表，損益計算書その他株式会社の財産及び損益の状況を示すために必要かつ適当なものとして法務省令で定めるものをいう。）」とされている。

2　貸借対照表や損益計算書は個々の会計主体（例えば会社単位）ごとに作成されるが，それらについて子会社などを含めた企業集団として報告する場合には，連結貸借対照表・連結損益計算書となる。

3　国際財務報告基準（IFRS）では「財政状態計算書（A statement of financial position：F/P）」と表記される。

4　企業会計基準委員会「討議資料　財務会計の概念フレームワーク」（以下，「概念フレームワーク」という）15頁によれば，「負債とは，過去の取引または事象の結果として，報告主体が支配している経済的資源を放棄もしくは引き渡す義務，またはその同等物をいう。」とされている。

5　「概念フレームワーク」16頁では，「株主資本とは，純資産のうち報告主体の所有者である株主（連結財務諸表の場合には親会社株主）に帰属する部分をいう。」とされている。

6　株式会社の場合には「株主資本」となるが，これは組織体によって表現は異なる。例えば，協

同組合では「組合員資本」と表される。

7　資本剰余金については，株主から株式金額の払込を受けた金額のうち，資本金として計上されなかった払込剰余金などの「資本準備金」と，資本金や資本準備金の減少や，自己株式を処分した場合に生じる「その他の資本剰余金」がある。第 2 章注 4 ～ 6 も参照のこと。

8　「概念フレームワーク」15頁では，「資産とは，過去の取引または事象の結果として，報告主体が支配している経済的資源をいう。」としている。

9　［桜井久勝 2022］31頁。

10　これは（Income statement：I/S）と表記されることも多く，IFRS では損益計算書及び包括利益計算書（A statement of comprehensive income：C/I）とされている。

11　［桜井久勝 2022］24頁によれば，「損益計算書が，1 期間中の営業活動に伴う収益・費用というフロー項目を対比して利益を計算するのに対し，貸借対照表は期末時点の資金調達都市均等化などの状態を表す資産や負債などのストック項目の残高を対象表示している。」としている。

12　簿記ではこれを

　　（借）繰越商品　150　　　　　（貸）仕入（売上原価）　150

　　として仕訳する。

13　企業会計基準第10号　企業会計基準委員会。

14　連結貸借対照表では，「その他包括利益累計額」とされる（連結財務諸表の用語，様式及び作成方法に関する規則第42条）。

15　会計において「その他有価証券」という区分に分類される有価証券（金融商品に関する会計基準75）については，その時価が取得原価より著しく下落していない場合には，ケース④の方法で時価評価の結果を処理するのが一般である。しかし，この方法には次の会計期間の最初に，元の金額に再修正される（「洗い替え処理」という，金融商品に関する会計基準18）。そしてその期末，つまり次の決算日においてその時価が帳簿価額より著しく下落している場合にはケース③の会計処理（「切り放し処理」という，金融商品に関する会計基準18(2)）が強制される。つまり，毎期正しく時価評価を行っていても，帳簿価額は常に元の金額に戻されたため，決算日（期末）において時価が取得価額より著しく下落した状態となった場合には，それまでの期間に発生した損失を一期間において計上することとなり，企業の業績（当期純利益）に重大な影響を与えることがある。

　　具体的にはケース④の評価差額金は次の会計期間の最初で洗い替え処理され，有価証券は再び300の帳簿価額となる。しかし当該期末において時価が100まで下落し，これが著しい下落と判断されると，その期間における時価の下落は100（前期末の時価200 − 当期末の時価100）であるにもかかわらず，200（帳簿価額300 − 当期末の時価100）の損失（有価証券評価損）が損益計算書に計上されることになる。

16　「税効果会計に係る会計基準」（企業会計審議会）では，「企業会計上の資産または負債の額と課税所得計算上の資産または負債の額に相違がある場合において，法人税その他利益に関連する金額を課税標準とする税金の額を適切に期間配分することにより，法人税等を控除する前の当期純利益と法人税等を合理的に対応させることを目的とする手続である。」と定義している。

17　連結貸借対照表では，「退職給付に係る負債」として表示される（「退職給付に関する会計基準」（企業会計基準第26号　企業会計基準委員会）27）。

18　これは数理計算上の差異として扱われ，「原則として各期の発生額について，予想される退職

時から現在までの平均的な期間（以下「平均残存勤務期間」という。）以内の一定の年数で按分した額を毎期費用処理する，」とされている。（「退職給付に関する会計基準」11，24）。

第2章　経営分析の基礎

1．経営分析の意義

　経営分析とは，分析対象の経営の状態を把握し，その良否を判断すること
をいう[1]。そして企業の経営状態を示す代表的な資料には財務諸表（貸借対
照表，損益計算書，キャッシュ・フロー計算書（第7章参照），財務諸表附
属明細表，株主資本等変動計算書）がある。すなわち貸借対照表は財政状態
を，損益計算書は経営成績（後述）を示し，株主資本等変動計算書は資本金
等の増減や，獲得した利益をどのように流出・留保し，もしくは被った損失
をどのように処理したかを示しており，一会計期間における企業活動とその
結果を貨幣価値によって示したものである。よって経営分析は基本的に財務
諸表の分析を中心に行われる。本書ではまず貸借対照表と損益計算書のみを
用いて経営分析を解説し，第7章においてキャッシュ・フロー計算書を解説
している。

　日本の会社における財務諸表は，会社法に定める計算規定によって作成さ
れる（会社法では財務諸表を「計算書類」という）ほか，株式や社債を証券
取引所に上場している会社（取引所上場会社）では，会社法のほかに金融商
品取引法の規定によっても作成される。

　本書では経営分析のうち次の項目について説明する。

・収益性の分析（第3章）

　　企業が利益を上げる力をどれほど有していたかを判断する分析である。

・付加価値の分析（第4章）

　　企業が産出した付加価値（詳しくは第4章参照）はどのように計算され
るか，またそれはどのように産出されたかを検討する分析である。

・財務安定性の分析（第5章）

　　企業の財政状態がどのような状況にあるかを検討する分析である。

・損益分岐点の分析及び CVP 分析（第 6 章）

　　企業の売上がどのような水準の場合に利益が 0（つまり利益も損失も発生しない）となるかを算定し，そこから企業の安全性や今後について検討するものである。そして将来計画のシミュレーションにも用いられる。

・キャッシュ・フローの分析（第 7 章）

　　一会計期間における企業の収入と支出（収益と費用ではない）を推計し，その結果どのように資金を受入れ，使用したかを考察する分析である。

2．財務諸表の分析方法

　　財務諸表の分析方法は，1．実数分析と比率分析，2．単一法と比較法に分けることができる[2]。

(1) 実数分析と比率分析

　　実数分析とは，財務諸表に記載された数値（「実績」）を絶対値としてそのまま利用して経営分析を行うものである。実数分析は実績値自体が絶対的な意味を有しているので，同一企業の期間比較分析には有効な分析であるという長所がある反面，企業間比較という観点からは，規模の違いなどを考慮しなければ的確な判断ができないという短所がある。本書においては「第 7 章 キャッシュ・フローの分析」で収益・費用から収入・支出を分析している。

　　比率分析とは，財務諸表に記載されている相互に関係ある項目間の金額割合を算定して求めた「比率（Ratios）」を用いて経営分析を行うものである。つまり貸借対照表，損益計算書等のそれぞれの表において，あるいはこれらの表の相互間において，相互に関係ある項目を選定し，その金額割合を算定することによって行われる。本書においては「第 3 章 収益性の分析」，「第 4 章 付加価値の分析」，「第 5 章 財務安定性の分析」が比率分析の例となり，「第 6 章 損益分岐点の分析及び CVP 分析」でも一部は比率を用いて説明している。

比率分析は相対的評価であるため，実数分析のように絶対的な判断はできないという短所があるが，企業規模が異なっても比率自体は単純に比較できるという長所をもっているため，経営分析の学習は比率分析が中心となっている。

(2)　単一法と比較法

単一法とは単年度かつ分析対象会社単体の貸借対照表及び損益計算書の実数もしくは比率を分析する方法であり，これに対し，数年度もしくは他社あるいは判断基準とする財務諸表との実数もしくは比率を比較して分析する方法を比較法という。比較法には次のような種類がある。

①　期間比較分析

当期と前期，もしくは前々期以前のデータを比較する方法。

②　相互比較分析

同業他社・同業種の平均・異業種との比較等，対象会社のデータと異なる企業のデータと比較する方法。

③　基準比較分析

予算等の達成すべき目標値あるいは過去の実績値等を100として比較する分析方法。本書では，「第3章　収益性の分析」及び「第5章　財務安定性の分析」で期間比較分析の設例を，「第4章　付加価値の分析」で企業間比較分析の設例を示している。

3．経営分析に用いられる用語

ここで第3章から第7章の説明で用いる，A株式会社の貸借対照表と損益計算書を示すと共に，経営分析で用いられる用語の説明を行う。

財務諸表の例示

A株式会社

貸 借 対 照 表

(単位：千円)

	前期末	当期末		前期末	当期末
流動資産	2,400,000	3,025,000	**流動負債**	1,475,000	1,936,000
現金及び預金	600,000	709,200	支 払 手 形	200,000	225,000
受 取 手 形	138,000	201,000	買 掛 金	1,000,000	1,200,000
売 掛 金	763,000	902,000	短 期 借 入 金	114,000	303,000
有 価 証 券	48,000	28,000	未 払 法 人 税 等	50,000	75,000
商 品	800,000	1,125,000	未 払 消 費 税 等	13,800	15,000
そ の 他	52,000	62,800	賞 与 引 当 金	84,000	98,000
貸 倒 引 当 金	-1,000	-3,000	そ の 他	13,200	20,000
固定資産	1,200,000	1,375,000	**固定負債**	325,000	440,000
有形固定資産	925,000	1,075,000	長 期 借 入 金	148,000	200,000
建 物	320,000	379,000	退職給付引当金	177,000	240,000
車 両 運 搬 具	35,000	40,000	**負債合計**	1,800,000	2,376,000
器 具 備 品	160,000	185,000	資 本 金	700,000	700,000
土 地	410,000	471,000	資 本 剰 余 金	175,000	175,000
無形固定資産	25,000	30,000	利 益 剰 余 金	925,000	1,149,000
ソフトウェア	2,000	5,000	(うち当期純利益)	(210,000)	(286,800)
そ の 他	23,000	25,000	**純資産合計**	1,800,000	2,024,000
投資その他の資産	250,000	270,000			
投 資 有 価 証 券	100,000	100,000			
繰 延 税 金 資 産	150,000	170,000			
資産合計	3,600,000	4,400,000	**負債・純資産合計**	3,600,000	4,400,000

Ａ株式会社

損 益 計 算 書

（単位：千円）

	金　　額
売上高	7,500,000
売上原価	5,250,000
売上総利益	2,250,000
販売費及び一般管理費	1,762,500
営業利益	487,500
営業外収益	
受取利息及び配当金	6,000
有価証券売却益	4,000
営業外収益合計	10,000
営業外費用	
支払利息	17,500
営業外費用合計	17,500
経常利益	480,000
特別利益	
固定資産売却益	10,000
特別利益合計	10,000
特別損失	
損害賠償損失	90,000
特別損失合計	90,000
税引前当期純利益	400,000
法人税，住民税及び事業税	133,200
法人税等調整額	− 20,000
法人税等合計	113,200
当期純利益	286,800

販売費及び一般管理費の明細書

(単位：千円)

販　売　手　数　料	275,000
荷　造　運　賃	100,000
役　員　報　酬	55,000
給　料　手　当	704,000
退　職　給　付　費　用	83,000
法　定　福　利　費	58,000
貸　倒　引　当　金　繰　入　額	2,000
減　価　償　却　費	65,000
支　払　手　数　料	7,000
賃　借　料	31,000
租　税　公　課	16,500
そ　の　他	366,000
合　計	1,762,500

　それでは財務諸表において表示されている用語，及び今後の経営分析で必要となる用語について説明する。

(1)　貸借対照表関係

　貸借対照表は，第1章で述べたとおり資産，負債及び純資産がどのようになっているかを対照表示するもので，企業の財政状態を表すものである。

①　流動資産

　流動資産とは，通常の営業取引によって生じる資産及び1年以内に現金化もしくは費用化する資産をいう[3]。また有価証券は売買目的のもの及び1年以内に償還される満期保有目的の債券が流動資産として分類される。流動資産の前期末の数値（「残高」ともいう）は2,400,000千円，当期末のそれは3,025,000千円である。

②　当座資産

　一般的な貸借対照表では特に分類・表示されていないが，流動資産のうち支払の手段となるものをいい，この貸借対照表では現金及び預金，受取手形，

売掛金，有価証券が該当する。そして，そこから貸倒引当金（⑤参照）を控除する。流動資産の金額は前期末1,548,000千円（＝600,000千円＋138,000千円＋763,000千円＋48,000千円－1,000千円），当期末は1,837,200千円（＝709,200千円＋201,000千円＋902,000千円＋28,000千円－3,000千円）となる。

③　売　上　債　権

これも一般的な貸借対照表においては特に分類・表示されていないが，売上によって生じる債権をいい，この貸借対照表では受取手形及び売掛金が該当し，その合計金額は前期末901,000千円，当期末1,103,000千円である。そこから⑤の貸倒引当金をそれぞれ控除すると，前期末900,000千円，当期末1,100,000千円となる。

④　棚　卸　資　産

②，③と同様に，一般的な貸借対照表においては特に分類・表示されていないが，第1章において述べたように販売目的もしくは製造目的で所有する資産をいう。この貸借対照表では商品が該当し，前期末は800,000千円，当期末は1,125,000千円である。

⑤　貸　倒　引　当　金

受取手形，売掛金，その他の債権などに回収不能なものが見込まれる場合には，債権放棄などの手続きに従って資産を減額し，これを費用（貸倒損失）として処理することになる。しかし放棄等の手続きをすることなく，債権をそのまま企業が継続保有する場合には，法律上はまだ債権が存在するために資産を直接減額できないので，その代わりとして債権のうち回収不能見込額を資産のマイナス項目として計上することがある。これを貸倒引当金という。貸倒引当金を計上する際には，「貸倒引当金繰入額」という費用の科目が計上されることから，貸借対照表における前期末分－1,000千円と当期末分－3,000千円の差額2,000千円が「販売費及び一般管理費の内訳」に費用として記載されている。本設例では，貸倒引当金はすべて売上債権に対するものであるとして，②当座資産及び③売上債権の計算にあたり控除している。

⑥　固 定 資 産

　流動資産に分類されなかった資産を固定資産といい，前期末は1,200,000千円，当期末は1,375,000千円である。これはさらに建物・土地などの不動産及びその他設備や備品などの「有形固定資産」，特許権やソフトウェアなどの「無形固定資産」，流動資産とならなかった有価証券やその他債権などの「投資その他の資産」に区分される。

⑦　繰延税金資産

　税効果会計によって計上された資産で，将来において支払う税金が減額される場合，その金額を資産として計上したものであり，前期末は150,000千円，当期末は170,000千円である。

⑧　流 動 負 債

　流動資産に対応する負債を流動負債といい，通常の営業過程において生ずる負債及び1年以内に支出若しくは収益となる負債が計上され，前期末は1,475,000千円，当期末は1,936,000千円である。

⑨　仕 入 債 務

　一般的な貸借対照表では分類・表示されていないが，仕入によって生じる債務をいい，この貸借対照表では支払手形と買掛金が該当し，前期末は1,200,000千円，当期末は1,425,000千円となっている。

⑩　固 定 負 債

　流動負債とならなかった負債は固定負債となり，前期末は325,000千円，当期末は440,000千円である。

⑪　資本剰余金

　資本剰余金とは，出資払込額のうち会社の登記上「資本金」としなかった部分（「払込剰余金」），合併によって受入れた純資産額（資産−負債）が合併の登記によって増加した資本金を超える部分（「合併差益」），及び減資によって生じた資本金の減少部分（「減資等差益」），自己株式の処分金額のうちその取得価額を超える部分（「自己株式処分益」）などからなり，前期末及び当期末ともに175,000千円である。資本剰余金のうち，一般的に払込剰余

金は「資本準備金」とされ[4]，それ以外は「その他の資本剰余金」とされるのが一般的である[5]。

⑫　利益剰余金

利益剰余金とは次のふたつの内容からなり，前期末は925,000千円，当期末は1,149,000千円である。

　1）　過年度に計上された利益で，配当等によって流出（社外流出という）しなかったもの及び以前の損失の処理として使われなかったもの[6]

　　　参考までに計算すると前期末は715,000千円（925,000千円－210,000千円），当期末は862,200千円（1,149,000千円－286,800千円）である。

　　　これらは，特定の使途を示すため「○○積立金」という名称を与えられたり，特定の使途がない場合には「別途積立金」という名称で利益剰余金の中で区分表示されることが多い。

　2）　当期純利益

　　　前期末は210,000千円，当期末は286,800千円である。ただし当期純利益は貸借対照表では区分して表示されないことが多い。

⑬　株　主　資　本

純資産のうち株主に帰属するものを株主資本という。ここでは純資産のすべてが株主資本であり，この金額は前期末の数値が1,800,000千円，当期末の数値が2,024,000千円である。

⑭　自　己　資　本

株主資本に評価換算差額等を加えたものを自己資本という[7]が，この貸借対照表では，株主資本以外の純資産はないため，前期末および当期末の数値は株主資本と同額である。

⑮　他　人　資　本

自己資本という用語を使う際に，負債のことを他人資本ということもある。この金額は前期末の数値が1,800,000千円，当期末の数値は2,376,000千円であり，この貸借対照表ではたまたま前期において株主資本＝負債となっている。

38

⑯　総　資　産

　経営分析では資産合計を，運用している資金の総額として，総資産という場合がある。この金額は前期末の数値が3,600,000千円，当期末の数値が4,400,000千円である。

(2)　損益計算書関係

　損益計算書は，当期純利益がどのように算定されたかを示すものである。一般的に企業の経営者は利益を毎期計上し，できればそれを増額する事がその職務とも言われている。よって，損益計算書は経営者の「経営成績」を示すといわれている。

　損益計算書は，一般的には第1章で示した貸借対照表のような形式（借方と貸方を対照表示する形式）とは異なる形式で表示される。つまり，収益及び費用をその内容によって分類し，各収益に対応する各費用をそれぞれの区分に分けて記載し，段階別にそこで生じた損益（利益または損失）を計算・表示し，最終的に当期純利益が表示される。これを「区分損益計算書」という[8]。

① 　売　上　高

　収益のうち，商品・製品の販売高もしくは主たる営業目的である役務（サービス業などの場合）の提供高を示すもので，当期の金額は7,500,000千円である。

② 　売　上　原　価

　売上高に対応する商品・製品の原価（仕入価額・製造原価）もしくは役務提供の原価を示すもので，当期の金額は5,250,000千円である[9]。

③ 　売上総利益

　売上高から売上原価を控除した利益をいい，当期の金額は2,250,000千円である。これは粗（あら）利益とも言われる。

④ 　販売費及び一般管理費

　販売活動，一般管理活動（総務・財務・経理・その他管理活動）において

発生した費用をいうが，金融費用的なものは⑩の営業外費用となる。この内訳は販売費及び一般管理費の内訳として示され，当期の合計額は1,762,500千円である。

⑤　人件費（販売費及び一般管理費の明細書参照）

販売費及び一般管理費の内訳上では分類・集計されていないが，役員及びその他就労者の労働の対価として損益計算書に計上されたものをいい，この例では販売費及び一般管理費の内訳のうち，役員報酬（55,000千円），給料手当（704,000千円），退職給付費用（83,000千円），法定福利費（58,000千円，社会保険等の企業負担分）が該当し，この合計額は900,000千円となる。

⑥　減価償却費（販売費及び一般管理費の明細書参照）

有形固定資産は，土地（及び建設中のものを示す「建設仮勘定」）を除き，価値が使用または時の経過によって減少する。そこで価値の減少分を認識し，一定の計算に従って毎期費用として計上する会計上の手続を減価償却という[10]。具体的には「減価償却費」という費用を計上すると共に，その対象となった資産の価額を減少させる手続きが行われる。減価償却費は有形固定資産以外でも，価値の減少が計画的に見積もられるもの（例えば施設利用権やソフトウェアなどの無形固定資産）については計算される。当期の金額は65,000千円である。

⑦　租税公課（販売費及び一般管理費の明細書参照）

企業が払う税金のうち，その期間の当期純利益を基礎として課税される法人税，住民税及び事業税（⑮参照）以外のものがここに計上され，当期の金額は16,500千円である。具体的には固定資産税，自動車税，印紙税，事業税のうちの付加価値割及び資本割[11]などである。

⑧　営　業　利　益

売上総利益から販売費及び一般管理費を控除したものをいい，当期は487,500千円である。これは営業活動だけによってどれだけの利益が生じたかを示すものである。

⑨　営業外収益

営業外収益とは，毎期経常的に生じる収益のうち，売上高とされないものを表示しているもので，受取利息及び受取配当金，為替差益，流動資産に属する有価証券の売却益など，企業の財務部門で生じた収益や，その企業の営業目的以外で毎期生じる収益（例えば物品販売業者の行う不動産賃貸料収益）が該当する。当期の金額は受取利息及び配当金が6,000千円，有価証券売却益が4,000千円で合計10,000千円である。

⑩　営業外費用

営業外費用とは，支払利息や手形売却損（手形取引によって生ずる）などの金融費用のほか，販売費及び一般管理費ではないが毎期経常的に生じる費用（例えば賃貸不動産について計算された減価償却費）が該当する。当期の金額は支払利息17,500千円である。

⑪　経 常 利 益

営業利益に営業外収益を加算し，ここから営業外費用を控除したものを経常利益といい，当期の金額は480,000千円である。経常利益は企業の通常の活動によってどれほどの利益が生じたかを示すことから「正常な収益力」を示すとされ，業績判断において最も重視される利益概念である。

⑫　特 別 利 益

臨時的・偶発的な収益は特別利益とされ，当期の金額は固定資産の売却益10,000千円である。

⑬　特 別 損 失

臨時的・偶発的な費用は特別損失とされ，固定資産の売却損，金額の大きな損害賠償金の支払い，天災や経済状況の悪化による臨時的な損失などが計上され，当期の金額は損害賠償損失の90,000千円である。

⑭　税引前当期純利益

経常利益に特別利益を加算し，そこから特別損失を控除することによって求められ，当期の金額は400,000千円である。

⑮　法人税，住民税及び事業税

当期の企業活動の結果を受けて，負担しなければならない額として算定さ

れた法人税，住民税，事業税（付加価値割及び資本割を除く）の額がここに
記載され，当期の金額は133,200千円である。

　⑯　法人税等調整額

　税効果会計を適用することによって，⑮の法人税，住民税及び事業税につ
いて調整が必要な場合に記載されるもので，当期の金額は⑮に対し－20,000
千円であり，同額の繰延税金資産が貸借対照表に追加計上されている。

　⑰　当期純利益

　税引前当期純利益から，法人税，住民税及び事業税を控除し，法人税等調
整額を加減したものがここに記載され，当期の金額は286,800千円である。
これが一会計期間において，企業の全活動を通して算定された利益である。

(3)　利益剰余金及び当期純利益に関する補足説明

　貸借対照表では，前期末の利益剰余金は925,000千円であり，損益計算書
では当期純利益が286,800千円計上されている。すると当期末の利益剰余金
は925,000千円＋286,800千円＝1,211,800千円となる事が考えられる。

　しかし，実際の当期末の利益剰余金は1,149,000千円となっており，
62,800千円減少している。これは基本的に株主に対する利益の分配である配
当金と考えられる。本来これは，会社が作成・提出する「株主資本等変動計
算書」によって確認される。本書では株主資本等変動計算書を掲載していな
いので確認はできないが，「第7章　キャッシュ・フローの分析」ではこの

金額のすべてを配当金の支払として扱っている。

⑷ そ の 他

　貸借対照表及び損益計算書に記載はないが，経営分析を行うにあたり重要となる項目は，その他の資料から入手する必要がある。ここでは代表的なものとして次のふたつを挙げるものとする。

① 従 業 員 数

　経営分析では財務諸表の数値以外も使用することがあり，その代表例としては従業員数がある。本書の次章以降の説明では125人として取り扱うこととする。

② 発行済株式数

　証券分析などで重視される項目で，本書の次章以降の説明では1,000,000株として，取り扱うこととする。

注

1　"Financial analysis is the process of examining a company's performance in the context of its industry and economic environment in order to arrive at a decision or recommendation."〔Robinson et al. 2015〕1頁。

2　"Because of the variety of reasons for performing financial analysis, the numerous available techniques, and the often substantial amount of data, it is important that the analytical approach be tailored to the specific situation." 〔Robinson et al. 2015〕293頁。

3　流動資産・固定資産の分類は詳しくは「正常営業循環基準」と「一年基準」によって行われる。前者は購入，製造，販売代金回収という通常の営業循環過程中にあるものを流動資産とするもので，これから外れたものは後者の一年基準の適用を受ける。そこでは貸借対照表日の翌日から一年以内に現金化もしくは費用化する資産を流動資産とし，それ以外が固定資産とされる（企業会計原則注解〔注16〕）。

4　会社法第445条では，（資本金の額及び準備金の額）として，以下のように定められている。

　株式会社の資本金の額は，この法律に別段の定めがある場合を除き，設立又は株式の発行に際して株主となる者が当該株式会社に対して払込み又は給付をした財産の額とする。

　2　前項の払込み又は給付に係る額の二分の一を超えない額は，資本金として計上しないことができる。

　3　前項の規定により資本金として計上しないこととした額は，資本準備金として計上しなければならない。

4　剰余金の配当をする場合には，株式会社は，法務省令で定めるところにより，当該剰余金の配当により減少する剰余金の額に十分の一を乗じて得た額を資本準備金又は利益準備金（以下「準備金」と総称する。）として計上しなければならない。

5　合併，吸収分割，新設分割，株式交換又は株式移転に際して資本金又は準備金として計上すべき額については，法務省令で定める。

5　［江頭憲治郎 2021］694頁によれば資本準備金について，「性質が資本金に近く分配可能額とするのに適しないことから，準備金として積み立てることが要求されるもの，または，将来会社の経営が悪化し欠損が生じた際に取り崩してその填補に当てること（会社449条第 1 項但書，会社計算151条）ができるよう，その他資本剰余金（会社計算76条 4 項 2 号）の中から積み立てることが要求されるものである。」と解説している。また，同662頁によれば，「組織再編行為の際に合併の存続会社等が取得する財産の額（株主資本等変動額など。）のうち資本金とされなかった額を，「合併差益」・「吸収分割差益」・「新設分割差益」・「株式移転差益」と呼ぶ。当該差益のいくらを資本準備金にしなければならないかという最低限度に関する制約がない点は，資本金の場合と同じである。」としている。

6　これ以外に，自己株式の処分や会計方針の変更等によって，差額が生じることがある。

7　［桜井久勝 2020］66頁によれば，自己資本は「親会社の株主に帰属する部分（株主資本＋その他の包括利益合計額）」と説明している。

8　なお，IFRS では日本基準のような区分表示はなされず，「IFRS に基づく連結財務諸表の開示例（2016年 3 月31日，金融庁）」13頁でも「IAS 第 1 号では，営業利益を表示することは求められていない」としている。ただしそこでは，実例を参考に，営業利益を小計項目として記載する例を示している。

9　製造業を営む企業では，製造原価報告書が作成される。これは以下のような形式になる。なお，仕掛品とは製造過程にあり，未完成である製品をいうが，このうちそのまま販売できるものは「半製品」とされることがある。また，最終的に算定された当期製品製造原価に，期首製品棚卸高を加算し，期末製品棚卸高を控除したものが製品の売上原価となる。

製造原価報告書

Ⅰ　材料費
　　　期首材料棚卸高　　　　　A
　　　当期材料仕入高　　　　　B
　　　　合　　計　　　　　　A＋B
　　　期末材料棚卸高　　　　　C
　　　　　当期材料費　　　　　　　　　　　D（A＋B－C）
Ⅱ　労務費
　　　賃　　金
　　　法定福利費
　　　退職給付費用
　　　その他
　　　　　当期労務費　　　　　　　　　　　E

Ⅲ　経　費

　　外注加工費

　　水道光熱費

　　減価償却費

　　その他

当期経費	F	
当期総製造費用	G（D＋E＋F）	
期首仕掛品棚卸高	H	
合　計	I（G＋H）	
期末仕掛品棚卸高	J	
当期製品製造原価	I－J	

10　減価償却が行われる資産を「減価償却資産」という。ここでは減価償却は「価値の減少分を認識」と説明しているが，減価償却資産の取得は，「将来減価償却費として計上される費用をまとめて取得した」とも考えられ，それを配分する手続きであるとも説明できる。また，減価償却費を資産の金額から直接控除せず，「減価償却累計額」という科目を用いて間接的に控除する方法で表示されることもある。

11　企業会計基準第27号「法人税，住民税及び事業税等に関する会計基準」10. 企業会計基準委員会。

第3章　収益性の分析

　経営分析における比率分析の最初として，企業がどれほど利益を上げる力があるかを測定する「収益性の分析」について説明する。

　本章で用いるA社の財務諸表項目

貸借対照表関係

（単位：千円）

項目または科目		前期末残高	当期末残高
総　資　産		3,600,000	4,400,000
自己資本（株主資本）		1,800,000	2,024,000
売上債権	受 取 手 形	138,000	201,000
	売　掛　金	763,000	902,000
	貸倒引当金	−1,000	−3,000
棚卸資産（商品）		800,000	1,125,000
有形固定資産		925,000	1,075,000
仕入債務	支 払 手 形	200,000	225,000
	買　掛　金	1,000,000	1,200,000

損益計算書関係

（単位：千円）

項目または科目	金　　額
売　上　高	7,500,000
売　上　原　価	5,250,000
売　上　総　利　益	2,250,000
販売費及び一般管理費	1,762,500
営　業　利　益	487,500
経　常　利　益	480,000
当　期　純　利　益	286,800

その他

・発行済株式数　　1,000,000株

1．収益性の基本的な考え方

　収益性とは，「一定の資金でどれほどの利益を上げられるか」をいい，利回りの考え方を利用することによって検討される。つまり企業が一定の資金を利用した場合，その活動による利回りが大きいほど利益を上げる力があることになり，収益性の分析では企業活動による利回りをあたかも預金や債券の利率と同じように算定して，その良否もしくは優劣を検討していくことになる。

2．利回りと総資産当期利益率

　たとえば，現在1億円の現金があったとする。この1億円の資金調達は自己資金が6千万円で残りの4千万円は借入金であるとする。そしてこれを定期預金に預け入れれば年1％の利息がつくとすると，1年後の利益（利息）は1億円の1％であるから100万円となる。

定期預金1億円×利率年1％＝年間利益100万円

　一方，この資金を定期預金ではなく企業活動によって運用し，その結果1年間で500万円の利益を得たとする。これを上の式に当てはめると，

$$\text{資産1億円} \times \text{利率年X\%} = \text{年間利益500万円}$$

となり，Xの値を解くと，

$$\text{500万円} \div \text{1億円} \times 100 = 5\%$$

となる。

　この算式のうち500万円は企業の利益であるから，損益計算書における当期純利益と考えられ，1億円は用意（調達）した資金すなわち企業が運用している資金の合計（資産）と考えられる。すると，この式は次のように書き改めることができる。

$$\text{当期純利益（500万円）} \div \text{（資産1億円）} \times 100$$
$$= \text{企業活動の利回り（5\%）}$$

　運用している資金は「総資産」[1]とよばれることから，この算式は「総資産当期純利益率（Return on Asset：ROA）」[2,3]といわれる。これは企業活動の利回りを示し，この比率が高いほど収益性が高いといえる。

　総資産当期純利益率の算式において，総資産の金額は貸借対照表から，当期純利益の金額は損益計算書から導かれることになる。しかしながら貸借対照表の数値はいわゆるストック（一定時点＝×年×月×日現在…「写真」：第1章1．参照）の概念であるのに対し，損益計算書の数値はいわゆるフロー（一定期間＝×－1年×月×日から1年間…「動画」：第1章2．参照）の概念である。

$$\text{貸借対照表・・・一定時点（ストック）}$$
$$\text{損益計算書・・・一定期間（フロー）}$$

よってストックの数値とフローの数値を単純に比べるのは不合理なので，

48

利益率を求めるにはストックの数値である貸借対照表関係の数値について平均値を取ることが望ましいことになる。

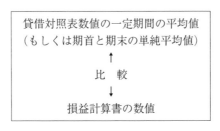

貸借対照表数値の一定期間の平均値
（もしくは期首と期末の単純平均値）
↑
比　較
↓
損益計算書の数値

　ただしフローの期間（例えば1年）を通じて平均値を出すことは困難な場合が多いので，期首（前期末）と期末の数値を単純平均した額をもって平均値とみなし，分析比率を算定することが多く行われている。

$$総資産当期純利益率（％）＝\frac{当期純利益}{（前期末の総資産＋当期末の総資産）÷2}×100$$

先にあげたA社の財務諸表を用いて総資産当期純利益率を求めると次のようになる。

286,800千円÷{(3,600,000千円＋4,400,000千円)÷2}×100＝7.17%

　つまりA社が行った企業活動は，年間7.17%の利回りがあったという事を示している。これは年7.17%の利率で預金運用したのと同じ結果となる。

3．総資産当期純利益率の展開

　総資産当期純利益率は，当期純利益に代えて他の利益概念[4]に，また総資産に代えて他の資産概念[5]または株主資本にそれぞれ置き換えることにより，さまざまな資産利益率を導き出すことができる。

　①　総資産経常利益率

$$総資産経常利益率（％）＝\frac{経常利益}{総資産}×100$$

A社　480,000千円÷{(3,600,000千円＋4,400,000千円)÷2}×100＝12%

当期純利益を経常利益に置き換えたものである。経常利益は企業の正常な

状態での利益を表すことから，この比率は企業の正常な収益力を示し，収益
性の総合指標として重要視されている。つまりこの企業の活動は，税引前で
かつ正常な状態（特別利益や特別損失を考慮しない）において12%の利回り
があったことになる。

②　自己資本当期純利益率（Return on Equity：ROE）

$$自己資本当期純利益率(\%) = \frac{当期純利益}{自己資本} \times 100$$

A社　286,800千円÷{(1,800,000千円＋2,024,000千円)÷2}×
100＝15%

この比率は[6]株主に帰属する資金でどれだけの利益率があるかを示すこと
になる。当期純利益は配当金等の支払いに充てられ，残りは社内留保となる
ので，この比率は配当率や株主資本の増殖率の目安となる。つまりこの会社
の増資を引き受けた（増資による株式を購入した）場合，拠出した資金が
15%で運用されていたことを示している[7]。

③　総資産売上総利益率

$$総資産売上総利益率(\%) = \frac{売上総利益}{総資産} \times 100$$

A社　2,250,000千円÷{(3,600,000千円＋4,400,000千円)÷2}×
100＝56.25%

総資産に対する売上総利益の割合を示したものであるが，一般的にはあま
り使われる概念ではない。しかし，下記7で収益性の変化を考える際に用い
ているので，ここに示したものである。

4．総資産当期純利益率の分解

総資産純利益率は「当期純利益÷総資産」と表されるが，企業がどのよう
に収益性を変化させていくか，つまり総資産当期純利益率がどうしたら変化
するのかを考察するにはこの算式だけではわかりにくい。そこで分母・分子
に，企業規模や業績判断でもっとも重要視される項目である「売上高」を乗

じて考えることとする。

$$総資産当期純利益率 = \frac{当期純利益}{総資産} \times \frac{売上高}{売上高}$$

すると総資産当期純利益率は次のふたつの算式に分解される。

$$総資産当期純利益率 = \underset{(売上高当期純利益率)}{\frac{当期純利益}{売上高}} \times \underset{(総資産回転率)}{\frac{売上高}{総資産}}$$

前式を売上高当期純利益率（％），後式を総資産回転率（回）という。すると総資産当期純利益率は売上高当期純利益率と総資産回転率の相乗効果によって増加または減少することになる。すなわち両者が増加，もしくは一方の減少より他方の増加のほうが大きければ総資産当期純利益率は増加し，両者が減少，もしくは一方の増加より他方の減少のほうが大きければ総資産当期純利益率は減少することになる。

5．売上高当期純利益率の意味

　売上高当期純利益率は売上1単位当たりの当期純利益の割合を示すもので，この比率が高ければ高いほど収益性が高いことになる。

$$売上高当期純利益率(\%) = \frac{当期純利益}{売上高} \times 100$$

A社　$(286,800千円 \div 7,500,000千円) \times 100 = 3.824\%$

　そして売上高当期純利益率は，当期純利益を区分損益計算書の各過程で算定されている利益概念に置き換えることによって，次のような比率に展開できる。

　①　売上高経常利益率

$$売上高経常利益率(\%) = \frac{経常利益}{売上高} \times 100$$

A社　$(480,000千円 \div 7,500,000千円) \times 100 = 6.4\%$

売上高に対してどれほどの経常利益を上げたかを示し，これが企業の正常

な状態における売上利益率を示す。売上高経常利益率は，すべての企業にとって重要な概念であり，企業間比較や業種間比較には必ずといっていいほど用いられる比率である。

② 売上高営業利益率

$$売上高営業利益率(\%) = \frac{営業利益}{売上高} \times 100$$

A社　(487,500千円 ÷ 7,500,000千円) × 100 = 6.5%

売上高に対してどれほどの営業利益を上げたかを示し，純粋な営業活動による売上利益率を示す。この比率と①の売上高経常利益率の差は「営業外収益及び費用」によってもたらされる。そしてそれは財務活動による損益が主なものであるから，売上高営業利益率と売上高経常利益率の差は財務活動の巧拙を示すといってよい。

売上高営業利益率　←財務活動の巧拙→　売上高経常利益率

つまり借入金等が多く，財務費用が多くかかる会社は売上高営業利益率より売上高経常利益率は低下する。A社においては，支払利息17,500千円を計上するも，受取利息及び配当金6,000千円と有価証券売却益4,000千円の合計10,000千円の運用益を計上しているため，売上高営業利益率6.5%から売上高経常利益率6.4%への低下は0.1ポイントに抑えられている[8]。

③ 売上総利益率

$$売上総利益率(\%) = \frac{売上総利益}{売上高} \times 100$$

A社　(2,250,000千円 ÷ 7,500,000千円) × 100 = 30%

売上に対してどれほどの売上総利益を上げたかを示し，具体的には商品や製品の販売に関する利益率を示す。つまりA社では100の売上すなわち販売価格に対して，その仕入原価は70，利益が30ということである。これは粗利率ともよばれる。なお，分子に売上総利益ではなく，売上原価を用いると「売上原価率」となる。

$$売上原価率(\%) = \frac{売上原価}{売上高} \times 100$$

A社　（5,250,000千円÷7,500,000千円）×100＝70%

なお，①～③は以下のように，損益計算書の百分比としても示される。

A社損益計算書

（単位：千円）

項目または科目	金　　額	百分比(%)
売　上　高	7,500,000	100.0
売　上　原　価	5,250,000	70.0
売上総利益	2,250,000	30.0
営　業　利　益	487,500	6.5
経　常　利　益	480,000	6.4
当期純利益	286,800	3.824

④　売上高販売費及び一般管理費率

$$売上高販売費及び一般管理費率(\%) = \frac{販売費及び一般管理費}{売上高} \times 100$$

A社　（1,762,500千円÷7,500,000千円）×100≒23.5%

利益率ではないが，売上高に対する販売費及び一般管理費の割合を求めて，営業及び管理活動がどれほど効率的に行われたかを示すものである。

6．総資産回転率の意味

企業の資金は商品や設備などの購入に充てられ，それは売上によって回収される。このサイクルが1回行われると，資金が1回転したということになる。総資産回転率は集めた資金と売上高の比率，すなわち集めた資金がどれだけ反復して使われたか（何回転したか）を示す比率で，この比率が高いほど資金が何回も反復して使われた，すなわちその企業の資産の回転が頻繁に行われたことを示す。

$$総資産回転率（回）= \frac{売\quad 上\quad 高}{（前期末の総資産 ＋ 当期末の総資産）÷ 2}$$

A社　7,500,000千円÷{(3,600,000千円＋4,400,000千円)÷2}＝1.875回

　つまりA社では，総資産（資産）が1年間に1.875回入れ替わったという考え方ができる。

7．総資産回転率と売上総利益率の関係

　総資産回転率は，その回転数が高いほど資産の増減が頻繁に行われたということになるが，実際にそのような企業は外見的にも商品が頻繁に回転していた（つまり商品が良く売れた）り，設備が良く稼働しているように見える。

　一方，売上高当期純利益率の分解で説明した売上総利益率は，商品の販売1単位当たりの利益割合を示したもので，これも高ければ高いほど，購入した商品または生産した製品を原価より高い値段で販売していることになる。

　収益性の総合指標である総資産に対する経常利益の割合（総資産経常利益率）は総資産回転率と，売上に対する経常利益の割合（売上高経常利益率）の相乗効果である。両方が高くなれば当然に収益性は向上（総資産経常利益率が上昇）し，両方が低くなれば当然悪化する。またいずれか一方の上昇が他方の下落をカバーすれば収益性は向上し，そうでない場合には悪化する。この関係を比較的なじみやすい小売業を例に挙げ，下記に示す〈現在の状況〉が①〜⑥のように変化した場合に，収益性がどのように変化するかを，総資産回転率と売上総利益率（売上高経常利益率より単純なため）を用いて考えてみよう。なお説明のため，数値及び内容は簡略化している。

　(設例)

　〈現在の状況〉

　売　上　高　　1,000（@20円×50個）

　売 上 原 価　　 700（@14円×50個，仕入単価は下記⑥以外は変動しないものとする）
　　　　　　　　 ────
　売上総利益　　　 300

54

```
総　資　産　　　　500（平均値は考えないものとし，以下の例では総資
　　　　　　　　　　　　産に変動はないものとする）
```

総資産売上総利益率＝300÷500×100＝60％

売上総利益率＝300÷1,000×100＝30％

総資産回転率＝1,000÷500＝2 回転

① 販売価格を下げた結果，商品が多く売れた場合。

　商品の需要が価格に依存する（経済学的には「需要の価格弾力性」があるという）状況では，販売価格を下げることにより売上数量が増加すると考えられる。

　　販売価格を@18円に下げた結果，80個売れたとする。

```
売　上　高　　　　1,440 （@18円×80個）
売 上 原 価　　　　1,120 （@14円×80個）
売上総利益　　　　　320
```

総資産売上総利益率＝320÷500×100＝64％

売上総利益率＝320÷1,440×100＝22.2％

総資産回転率＝1,440÷500＝2.88回転

　この場合には，売上総利益率の下落より総資産回転率の上昇が大きかったので，結果的に収益性（総資産売上総利益率）は向上する。

② 販売価格を下げても商品が多く売れなかった場合。

　次に価格を下げても販売数量が期待より増加しなかった場合を考える。

　　販売価格を①と同様，@18円に下げたが，60個しか売れなかったとする。

```
売　上　高　　　　1,080 （@18円×60個）
売 上 原 価　　　　　840 （@14円×60個）
売上総利益　　　　　240
```

総資産売上総利益率＝240÷500×100＝48％

売上総利益率＝240÷1,080×100＝22.2％

総資産回転率＝1,080÷500＝2.16回転

　この場合には，売上総利益率の下落ほど総資産回転率が上昇しなかったので，結果的に収益性が下落する。デフレ時にはこのようなことが起こる

ことが多く，競争の激化によって市場に参加している企業全体の収益性が
悪化することがある。

③　販売価格を上げた結果，商品の販売数量が少なくなった場合。

　①の場合の逆で，通常は価格を上げれば商品の販売数量は減少すると考
えられる。

　　販売価格を@24円とし，28個売れたとする。

　　売　上　高　　　　672　（@24円×28個）

　　売　上　原　価　　　392　（@14円×28個）

　　売上総利益　　　　　280

　　総資産売上総利益率＝280÷500×100＝56％

　　売上総利益率＝280÷672×100＝41.6％

　　総資産回転率＝672÷500＝1.344回転

　この場合には，販売価格を上げたため売上総利益率は当然に上昇するが，
総資産回転率が大幅に下落し，結果的に収益性は下落している。

④　販売価格を上げても，商品の販売がさほど減少しなかった場合。

　商品に優位性があり，価格が上昇してもそれほど販売が減少しない場合
は以下のようになる。

　　販売価格を@24円とし，40個売れたとする。

　　売　上　高　　　　960　（@24円×40個）

　　売　上　原　価　　　560　（@14円×40個）

　　売上総利益　　　　　400

　　総資産売上総利益率＝400÷500×100＝80％

　　売上総利益率＝400÷960×100＝41.6％

　　総資産回転率＝960÷500＝1.92回転

　この場合には売上総利益率の上昇に対し総資産回転率はさほど下落しな
いので，結果的に収益性は上昇する。

⑤　販売価格の上昇が販売数量にまったく影響しない場合。

　絶対的な人気商品で，ある程度の価格上昇は販売数量に影響がない場合

である。この状態になると企業は急速に成長することが多い。

販売価格を@24円とし，50個売れたとする。

売　上　高	1,200	（@24円×50個）
売 上 原 価	700	（@14円×50個）
売上総利益	500	

総資産売上総利益率＝500÷500×100＝100％

売上総利益率＝500÷1,200×100＝41.6％

総資産回転率＝1,200÷500＝2.4回転

この場合には販売価格の上昇によって売上総利益率は上昇し，売上高の増加によって総資産回転率も上昇する。当然に収益性は上昇する。

⑥　販売価格の下落とともに販売数量が増加し，仕入価格も下落する場合。

販売数量が増加すると発注量が増加し，仕入取引が有利になり，結果的に仕入価格の引き下げに成功する場合がある。また製造業などでは生産数量の増加によってコスト（例えば，製品1個当たり固定費）が下がることが考えられる。

販売価格を@18円とし，80個売れたとする。そして，仕入価格は@12.6円に下がったとする。

売　上　高	1,440	（@18円×80個）
売 上 原 価	1,008	（@12.6円×80個）
売上総利益	432	

総資産売上総利益率＝432÷500×100＝86.4％

売上総利益率＝432÷1,440×100＝30％

総資産回転率＝1,440÷500＝2.88回転

この場合には，売上総利益率の下落はなく，総資産回転率が上昇するために収益性は向上する。量販店はこのような収益性の向上を目指している。つまり，販売価格を下げることによって集客を多くし回転率を向上させ，大量仕入れにより仕入価格を低くするのである。

8．総資産回転率の展開

　売上高当期純利益率を展開したように総資産回転率もさまざまな比率に展開できる。すなわち総資産の代りに一部の資産，負債，株主資本（純資産）等の金額を入れることによって，また売上高の代りに他の損益計算書項目である費用の数値を入れることによってさまざまな回転率が求められることになる。一方で回転率は回転期間と形を代えて論じられることが多く，ここで「回転率」と「回転期間」のそれぞれについて内容を述べておくこととする。

　「回転率」とは総資産回転率のように，

$$\frac{売上高（もしくは一部の収益・費用）}{総資産（もしくは一部の資産・負債・株主資本等）}（回）$$

と表されるが，この逆数をとって，

$$\frac{総資産（もしくは一部の資産・負債・株主資本等）}{売上高（もしくは一部の収益・費用）}（年）$$

とすると「回転期間（年）」ということになる。

　また，回転期間を資産・負債・株主資本が1回転するのに何か月かかるかという形で表現する場合には，次のようになる。

$$\frac{総資産（もしくは一部の資産・負債・株主資本等）}{売上高（もしくは一部の収益・費用）÷12か月}（月）$$

　すなわち回転期間の概念は回転率の分母・分子を逆にし，収益・費用の金額を月の場合には12か月で除し，年数の場合にはそのままで求めることになる。一般には，回転率より回転期間の概念の方が，その比率の意味がわかりやすくなるとして多く用いられている。回転期間の分析として用いられる主な比率は次のとおりである。

　①　売上債権回転期間

　売上債権が売上高の何か月分あるか，すなわち売上げた商品及び製品の代金が売上計上の後，何か月して回収されるかを示す指標であり，この期間が長くなるほど資金繰りが厳しくなり，資金を効率よく回転させることが困難となる。計算式は次のとおりである。

$$売上債権回転期間（月）=\frac{売上債権}{売上高÷12}（月）$$

A社 $\{(138,000千円＋763,000千円＋201,000千円＋902,000千円$

$-1,000千円－3,000千円)÷2\}÷(7,500,000千円÷12)=1.6か月^9$

A社は代金を販売後，1.6か月で回収（入金）していると考えられる。

② 仕入債務回転期間

仕入債務が仕入高もしくは売上原価の何か月分あるか，すなわち仕入れた商品や原材料等の仕入時から支払いまでの期間を示すものであり，この期間が長いほど支払いに猶予が生まれるので，資金繰りは安定し，かつ，売上債権等の回収資金のうち，すぐに支払いに充てないで他に運用できる割合が増え，資金の効率的な利用が行えることになる。計算式は次のようになる[10]。

$$仕入債務回転期間（月）=\frac{仕入債務}{売上原価（もしくは仕入高）÷12}（月）$$

A社 $\{(200,000千円＋1,000,000千円＋225,000千円＋1,200,000千円)$

$÷2\}÷(5,250,000千円÷12)=3か月^{11}$

A社は仕入後3か月で仕入代金を支払っていると考えられる。

③ 売上債権回転期間と仕入債務回転期間の差（回転差）

④にあげる棚卸資産回転期間を考慮しない状況において，売上債権回転期間が仕入債務回転期間より短ければ，売上債権を回収した後に仕入債務を支払うことができるので，資金繰りが楽なだけでなく，その間に資金の余剰が生じることになる。売上債権回転期間と仕入債務回転期間の差額を「回転差」という。

一般的に，流通業等では掛や手形で仕入れたものを現金販売[12]するので，回転差がプラスになり，販売が増加すると資金余剰が大きくなる。この設例では売上債権回転期間が1.6か月，仕入債務回転期間が3か月となっており，1.4か月分の余剰資金が生じていることになる。つまり販売が増加すれば1.4か月分の売上資金が余剰資金として会社内に残っていくことになる。

反対に仕入債務回転期間が売上債権回転期間より短い場合，つまり回転差

がマイナスの場合に売上高が増加すると資金が不足してしまい，外部より運転資金の調達が必要となる。いわゆる「運転資金借入」というものはこのような理由から生じることが多い[13]。

④　棚卸資産回転期間

棚卸資産回転期間とは当該棚卸資産が，仕入・生産・購入からどれほどの期間をかけて販売（商品・製品）もしくは消費（原材料），生産（仕掛品）されるかを表したもので，企業の販売業績の動向や，不良在庫の発生などの指標となるものである。計算式は次のようになる。

A社　｛(800,000千円＋1,125,000千円)÷2｝÷(5,250,000千円÷12)
　　　＝2.2か月 [14]

$$棚卸資産回転期間(月) = \frac{棚卸資産}{売上原価 \div 12}(月)$$

A社は仕入後2.2か月間で商品が販売されている事がわかる。なお，経常的に有する棚卸資産が，仕入債務によって調達されている場合には，棚卸資産回転期間と売上債権回転期間を合計した期間と，仕入債務回転期間を比較して回転差を考慮する必要がある。

⑤　有形固定資産回転率

有形固定資産回転率とは，売上高と有形固定資産の割合をみるもので，この回転率が高いほど，限られた設備で効率よく経営を行っていることを示し，この回転率が低いと売上に対し設備が過多となっており，固定資産に投下した資金の効率が悪いことになる（なお，この財務諸表には記載がないが，建設中もしくは製造中の固定資産についての支出を示す「建設仮勘定」がある場合には未だ収益の獲得に貢献していないので除外して計算される）。

有形固定資産回転率(回)＝売上高÷(有形固定資産－建設仮勘定)(回)

A社　7,500,000千円÷｛(925,000千円＋1,075,000千円)÷2｝＝7.5回転

9．一株当たり当期純利益

　企業の収益性を検討するにはこの他に，一株当たり[15]の当期純利益を求める事も多く，証券分析，特に株式市場においては重視される比率である。この比率は株価と比較されることが多い。

$$一株当たり当期純利益(円) = \frac{当期純利益}{発行済株式数}$$

　　A社　286,800千円÷1,000,000株＝286.8円

10．収益性の分析についての設例

　以下に示す，甲社（１年決算）の前期及び当期の財務諸表について収益性の分析を行ってみる。

貸 借 対 照 表

（単位：千円）

資産の部	前々期末	前期末	当期末	負債・純資産の部	前々期末	前期末	当期末
現 金 預 金	1,300	360	1,090	仕 入 債 務	4,200	6,510	4,740
売 上 債 権	4,800	5,400	5,600	短 期 借 入 金	1,700	700	260
棚 卸 資 産	3,200	3,940	5,810	長 期 借 入 金	3,500	2,000	500
その他(流動)	300	100	200	そ の 他 負 債	400	300	250
有形固定資産	15,000	15,600	9,400	資 本 金	6,600	6,600	6,600
その他(固定)	800	200	300	資 本 剰 余 金	1,500	1,500	1,500
				利 益 剰 余 金	7,500	7,990	8,550
合　　　計	25,400	25,600	22,400	合　　　計	25,400	25,600	22,400

損 益 計 算 書

(単位：千円)

	前　期	当　期
売　上　高	30,600	30,000
売　上　原　価	21,420	22,500
売上総利益	9,180	7,500
販売費及び一般管理費	7,803	6,120
営　業　利　益	1,377	1,380
営業外収益	400	350
営業外費用	247	170
経　常　利　益	1,530	1,560

　収益性の分析比率の算定に必要な貸借対照表の平均（前期末と当期末）値と損益計算書のうち1か月分の数値（損益計算書数値÷12）は次のとおりである。

	前　期	当　期
総　資　産	25,500	24,000
売　上　債　権	5,100	5,500
棚　卸　資　産	3,570	4,875
有形固定資産	15,300	12,500
仕　入　債　務	5,355	5,625
一か月分の売上高	2,550	2,500
一か月分の売上原価	1,785	1,875

収益性の分析についての前期及び当期の分析比率は次のようになる。

収益性に関する分析比率

	前　期	当　期
総資産経常利益率（％）	6	6.5
売上高経常利益率（％）	5	5.2
総資産回転率（回）	1.2	1.25
売上高営業利益率（％）	4.5	4.6
売上総利益率（％）	30	25
売上債権回転期間（月）	2	2.2
仕入債務回転期間（月）	3	3
棚卸資産回転期間（月）	2	2.6
有形固定資産回転率（回）	2	2.4

　甲社の収益性は前期に比して向上している。つまり収益性の総合指標である総資産経常利益率が上昇し，その内訳としての売上高経常利益率，総資産回転率とも上昇しているからである。さらにその内容を見ると，財務諸表数値の売上高は減少しており（30,600千円→30,000千円），売上総利益率も前期に対して5ポイントも下がっており，営業上はかなり苦戦していると考えられる。しかしながら売上高営業利益率は前期に比して0.1ポイントであるが上昇し，販売費及び一般管理費の大幅な削減（7,803千円→6,120千円）を行って収益性を保っている事がわかる。効率化は不要な設備の削減にも及び，有形固定資産は大幅に減少し（15,600千円→9,400千円），その結果売上高が減少したにもかかわらず有形固定資産回転率は上昇し，これが全体の総資産回転率を上げることに寄与している。

　一方で，販売の状況については予断を許さない。棚卸資産回転期間が0.6か月悪化していることは販売が低調になってきている事を示し，売上債権回転期間もわずかながら伸びてきているので，在庫及び債権の管理についてより一層の注意が望まれる。

注

1　［乙政正太 2019］112頁では，「使用総資本」としている。［桜井久勝 2020］166頁においても，使用総資本利益率は総資産利益率ともよばれるとしている。

2　ROA は「総資産利益率」の総称であり，総資産当期純利益率だけではなく，総資産経常利益率，総資産営業利益率なども ROA とされることもある。［伊藤邦雄 2016］102頁では，「この指標は分子にいずれの利益を使用するかでいくつかのタイプがある」としたうえで，「分母の総資産は，元をたどれば株主と債権者が拠出した資金の合計であり，分子に支払利息を控除した当期純利益を用いることは，分子と分母の関係性を見るうえで必ずしも適切ではない。そこで，営業利益に受取利息，配当金，持分法による投資損益を加えた事業利益を分子に用いて，企業が株主と債権者にとってどれだけの利益をあげることができたかを分析する場合がある。この指標を「総資本事業利益率（Rate of Return on Investment: ROI）」と呼ぶ。」と説明している。

3　ROA に近い概念として，ROCE（Return on Capital Employed）が用いられる。これは「使用資本利益率」ともいわれ，自己資本と他人資本である有利子負債を使って，どれだけ利益を稼ぐことができたかを計るものであり，ROA の分母である総資産から，無利子の流動負債を除いた数字が適用される。

4　設例の損益計算書に記載された利益概念の外に，よく用いられる利益概念としては以下のようなものがある。

・EBITDA（Earnings before Interest, Taxes, Depreciation, and Amortization）

　　　EBITDA ＝税引前当期純利益＋特別損益＋支払利息＋減価償却費（有形固定資産償却費と無形固定資産償却費の合計）

・EBIT（Earnings before Interest and Taxes）

　　　EBIT ＝税引前当期純利益＋特別損益＋支払利息

5　総資産すなわち使用総資本は［桜井久勝 2020］171頁によれば，「(a)企業の本来の営業活動に投下された部分としての経営資本，(b)余剰資金を運用する金融活動に投下された部分としての金融活動資本という区分」に区別されるとしている。そこでは金融活動資本には，「(ア)流動資産のうち，余剰資金の利殖目的のために保有されている部分としての預金・有価証券・短期貸付金と，(イ)固定資産のうち，「投資その他の資産」に含まれる投資有価証券や長期貸付金が該当する。」としており，経営資本は使用総資本から金融活動資本を控除して求めるとしている。また，［乙政正太 2019］112頁によれば，「投下資本は事業活動のための営業資産（経営資本ということもある）」としている。

6　［桜井久勝 2020］66頁によれば，自己資本は「親会社の株主に帰属する部分（株主資本＋その他の包括利益合計額）」と説明している。

7　経済産業省が取り組んでいた，「持続的成長への競争力とインセンティブ〜企業と投資家の望ましい関係構築〜」プロジェクトでは，約1年にわたる議論を経て平成26年8月6日に「最終報告書（伊藤レポート）」を公表した。その要旨2.4）では，「多くの投資家は企業評価の最も重要な指標の一つとして ROE を捉えている。ROE は経営の目的ではなく結果であり，持続的成長への競争力を高めた結果として向上する。したがって投資家は，企業が内部留保を再投資して成長することを求めており，有効活用できない場合は株主還元も含めた対応を期待している。」としている。

8　借入資金市場が低金利の状況にあり，企業の投資意欲が旺盛であれば，積極的に借り入れを行い，売上高営業利益率の増大を図ることが考えられる。この場合には，売上高経常利益率が売上高営業利益率を下回っても，それほど問題視する必要はないのであろう。ただし，企業が多くの借入を抱えている状態で借入資金市場が高金利に移行し，投資による利回りがそれに追いつけない場合には，その経営に重要な影響を及ぼすことがある。このような事態に備えるため，企業は低金利下における資金調達を，あえて変動金利と比較して割高な固定金利による借り入れや，社債の発行により行うことも多い。

9　これが毎年1.6か月程度の数値が算定されるならば，A社はそのような条件で，つまりほぼ月末締めの翌月末払いの条件で，商品を販売していると考えられる。仮に，条件変更がなく，この数値が長くなるようであれば，以下のような事象が生じていないかを考える必要がある。

　　①　一部の債権が不良化して，回収に期間がかかっている。
　　②　期末近くの売上が多く計上され，押し込み販売的な活動をした。
　　③　販売先の都合により，回収期間が長期化した。
　　④　架空売上を計上した。

10　本来は当期商品仕入高を用いるべきであり，売上原価から当期商品仕入高を求める算式は以下のとおりである（第7章3.(4)①参照）。

　　　　当期商品仕入高＝売上原価＋期末商品棚卸高－期首商品棚卸高
　　　　　　　　　　　　＝5,250,000千円＋800,000千円－1,125,000千円
　　　　　　　　　　　　＝5,575,000千円

　　すると，仕入債務回転期間は次のように計算される。

　　　A社　｛(200,000千円＋1,000,000千円＋225,000千円＋1,200,000千円)÷2｝
　　　　　　÷(5,575,000千円÷12)≒2.82カ月

11　これも，ほぼ同じ数値が毎年算定されるのであれば，A社は仕入れてから平均して3か月後に支払いを行う商慣習で取引をしているといえる。仮に，この期間が長期化してきたならば，会社の資金繰りのため支払いを遅らせている可能性もあり，逆に短期化している場合には，条件が厳しくなったか，仕入価格を低くするために支払いを早くしたことも考えられる。

12　電子マネーは，その発行会社に対する売掛金となるため，現金とは異なり，回収期間が生じることになる。

13　貸借対照表と損益計算書を用いて算定した売上債権回転期間と仕入債務回転期間について，それほど差がないような場合であっても，例えば，受注生産を行うソフトウェア業界など，売上原価に占める労務費の割合が高い業種では，外注費や人件費の支払は比較的短期間で行われるにもかかわらず，請求は完成後となるため，受注の増加によって，必要とされる運転資金も増加することになる。

14　この期間も，通常は2.2か月分の在庫を有しているとも考えられるし，在庫をすべて販売するまでに2.2か月を要しているともいえる。そして，この期間が長くなった場合には以下の事項を考える必要がある。

　　①　商品の売れ行きが悪くなった。
　　②　不良在庫が存在している。
　　③　架空在庫を計上している。

15　企業会計基準第2号「1株当たり当期純利益に関する会計基準（最終改正平成25年9月13日

企業会計基準委員会）」12.では「１株当たり当期純利益は，普通株式に係る当期純利益を普通株式の期中平均株式数で除して算定する。」としている。

　また「潜在株式（その保有者が普通株式を取得することができる権利若しくは普通株式への転換請求権又はこれらに準じる権利が付された証券又は契約，同9.）があり，「潜在株式に係る権利の行使を仮定することにより算定した１株当たり当期純利益（以下「潜在株式調整後１株当たり当期純利益」という。）が，１株当たり当期純利益を下回る場合に，当該潜在株式は希薄化効果を有するものとし（同20.），その場合には，潜在株式調整後１株当たり当期純利益として，「普通株式に係る当期純利益に希薄化効果を有する各々の潜在株式に係る当期純利益調整額（以下「当期純利益調整額」という。）を加えた合計金額を，普通株式の期中平均株式数に希薄化効果を有する各々の潜在株式に係る権利の行使を仮定したことによる普通株式の増加数（以下「普通株式増加数」という。）を加えた合計株式数で除して算定する。（同21.）」としている。

第4章　付加価値の分析

　収益性の分析に続いて，「付加価値の分析」を説明する。付加価値は利益とは異なる概念であり，収益性と付加価値の両者から企業の業績は判断される。経営哲学を「付加価値の最大化」[1]とし，それによって社会貢献が実現できるとしている企業もある[2]。

　本章で用いるＡ社の財務諸表項目

貸借対照表関係

(単位：千円)

項目または科目	前期末残高	当期末残高
有形固定資産	925,000	1,075,000

損益計算書関係

(単位：千円)

項目または科目	金　額
売　上　高	7,500,000
営　業　利　益	487,500

販売費及び一般管理費の明細書

(単位：千円)

項目または科目		金　額
人件費	役　員　報　酬	55,000
	給　料　手　当	704,000
	退職給付費用	83,000
	法定福利費	58,000

減価償却費	65,000
賃 借 料	31,000
租 税 公 課	16,500

その他

・従業員数　125人

1．付加価値の意義

　付加価値とは企業が生産した生産物ないし提供したサービスの価値総額から，企業が受入れた前給付価値（購入商品，原材料など他者が当該企業に売上計上したものをいい，前給付原価ともいう）を控除したものをいう。つまり当該企業が生産ないしサービスの提供を通じて新たに産み出した価値をさす概念である。そして前給付価値（投入価値）に対して産出された付加価値の割合が高いほど効率がよいことになる。この効率を生産性ということから，付加価値の分析は「生産性の分析」ともいわれる。企業が産出した付加価値は，その従業員に対する人件費，賃借料，利息等の支払いに充てられ，そして税金の支払いを行った後が利益となる。

2．付加価値の算出方法

　付加価値の算出には企業の産出価値（売上高あるいは生産高）から前給付価値を控除して求める控除法と，付加価値の使用内訳として考えられる各項目を加算して算定する加算法があり，理論的には控除法の計算結果と加算法の計算結果は一致することになる[3]。

> 控除法：付加価値額＝売上高(生産高)－前給付価値
> 加算法：付加価値額＝人件費＋賃借料(地代)＋支払利息(利子)
> 　　　　　　　　　　＋法人税，住民税及び事業税，租税公課
> 　　　　　　　　　　＋利益(利潤)

また，付加価値の算定においては減価償却費の取り扱いが問題となる。す

なわち減価償却費は外部から購入した固定資産を，会計的手続によって費用としたものであるとすると，前給付価値の一部と考えられる。しかしながら減価償却費の計算方法は各企業によって異なり，単純に会計手続によって機械的に算定された数値として捉えた場合には，これを前給付価値と考えず，付加価値に含めて計算することになる。減価償却費を含んだ付加価値を「粗付加価値」といい，実務上の付加価値の概念はこれを用いることが多くなっており，さらに営業利益概念を用いるとその算定は次のように行われる。本書でも粗付加価値を付加価値として説明する。

> (粗)付加価値額＝人件費＋賃借料＋租税公課＋減価償却費＋営業利益

＊ 営業利益には，加算法の算式における「支払利息」と「法人税，住民税及び事業税」が含まれている（損益計算書ではまだ控除されていない）のでこの算式となる。

A社について付加価値を算定すると次のようになる。

人件費（55,000千円＋704,000千円＋83,000千円＋58,000千円）＋賃借料31,000千円＋租税公課16,500千円＋減価償却費65,000千円＋営業利益487,500千円＝1,500,000千円

するとA社は1年間で，新たな経済価値を1,500,000千円産出したことになる。なお，1年間における一国内の付加価値の総額を国内総生産（Gross Domestic Product：GDP）という。

3．付加価値分析の方法

(1) 労働生産性

上記算式によって算定された付加価値を比率分析するにあたって，基本となるのは従業員一人当たりがどれだけの付加価値を生み出したかを示す「労働生産性」である。A社では従業員数が125人であった（第2章3.(4)）。すると労働生産性は次のように算定される。

$$労働生産性（円）＝\frac{付加価値額}{従業員数}$$

A社　1,500,000千円÷125人＝12,000千円／人

　つまりA社は従業員一人当たり，１年間で12,000千円の付加価値を産出したことになり，当然にこの数値が大きいほどその企業の評価は高いことになる。

(2) 労働生産性の売上高による分解

　労働生産性は収益性の分析における総資産当期純利益率のように，売上高を用いることによって，「一人当たり売上高」と「付加価値率」に分解できる。

$$\frac{付加価値額}{従業員数}＝\frac{売上高}{従業員数}×\frac{付加価値額}{売上高}$$

（一人当たり売上高（円））　（付加価値率（％））

① 一人当たり売上高

　A社　（7,500,000千円÷125人）＝60,000千円／人

　生産性の分析においては，従業員一人当たりの概念が重視され，この一人当たり売上高はその中でも代表的なものである。

② 付加価値率

　A社　（1,500,000千円÷7,500,000千円）×100＝20％

　付加価値率とは，売上高に対する付加価値の割合をいい，売上単価の上昇や前給付価値単価の減少をもってその向上が図られる。

(3) 労働生産性の有形固定資産による分解

　一人当たりの生産性の向上は人（マンパワー）だけではなく，機械など設備の利用によって行われることも多い。そこで売上高に代えて有形固定資産を用いると，次にあげる「設備生産性」と「労働装備率」の算式が導ける

（なお，この財務諸表にはないが，有形固定資産のうちに建設仮勘定がある場合には，未だ事業の用に供していないので除いて考える）[4]。

$$\frac{付加価値額}{従業員数} = \frac{有形固定資産}{従業員数} \times \frac{付加価値額}{有形固定資産}$$
$$（労働装備率（円）） \quad （設備生産性（％））$$

① 設備生産性

A社 1,500,000千円÷{(925,000千円＋1,075,000千円)÷2}×100
＝150％

設備生産性は，設備1単位当たりが付加価値の産出にどれだけ貢献しているかを示すもので，有形固定資産の金額は帳簿価額の他，減価償却費を加算した取得価額で行うことも考えられる。

② 労働装備率

A社 {(925,000千円＋1,075,000千円)÷2}÷125人＝8,000千円

労働装備率は，従業員一人当たりが保有する設備の金額であり，この金額が多いほど従業員一人当たりが取り扱う機械などの設備が多いことを示し，資本集約的（設備に依存した）な業務を行っていると考えられる。A社は一人当たり8,000千円の有形固定資産を持っていることになる。

(4) 設備生産性の売上高による分解

設備生産性の算式を売上高を用いて分解すると，すでに説明した次の比率が導ける。

$$\frac{付加価値額}{有形固定資産} = \frac{付加価値額}{売上高} \times \frac{売上高}{有形固定資産}$$
$$150\% = 20\% \times 7.5回転$$
$$収益性の分析より$$

すなわち設備に関する生産性は，付加価値率と有形固定資産回転率の乗数

効果となる。

(5) 労働生産性と人件費の関係

労働生産性は人件費を用いて次のように分解することもできる。

$$\frac{付加価値額}{従業員数} = \frac{人件費}{従業員数} \times \frac{付加価値額}{人件費}$$

$$\frac{付加価値額}{従業員数} = \frac{人件費}{従業員数} \div \frac{人件費}{付加価値額}$$

(一人当たり人件費(円))　(労働分配率(%))

① 一人当たり人件費（人件費水準）

　　A社　900,000千円÷125人＝7,200千円／人

　一人当たり人件費はその会社に在職する従業員の平均年収（ただし，法定福利費や退職給付費用も含む）に近い数値を示し，人件費水準ともいわれる。

② 労働分配率

　　A社　（900,000千円÷1,500,000千円）×100＝60％

　労働分配率は生み出した付加価値のうちどれくらいが人件費に充てられているかということを示す比率で，労働者に対する付加価値の分配ということからこの名称が付されている。労働生産性について，人件費を用いて分解することとそのままでは「×（付加価値÷人件費）」となるが，通常は分母分子を逆にして示すことが多いので「÷（人件費÷付加価値）」としている。

4．簡単な設例による企業間比較

　例えば次のようなケースを考えよう。簡略化するため販売費及び一般管理費は人件費と減価償却費のみとし，売上原価はすべて商品の購入代金であり前給付価値はこれだけであるとする。なお付加価値の概念は粗付加価値を考えるものとする。

（単位：百万円）

項　　目	C社	D社
売　上　高	2,000	1,500
売　上　原　価	1,760	1,260
売　上　総　利　益	240	240
人　件　費	108	156
減　価　償　却　費	36	9
営　業　利　益	96	75
従　業　員　数	20人	20人
有　形　固　定　資　産	400	100

　両社が算出した付加価値は240百万円（ここでは売上総利益が該当する）
で同じであり，また従業員数も同じであるから労働生産性も同じ12百万円
（＝240百万円÷20人）である。しかしながら両社は，販売方法について大き
な相違がある。それでは前述した付加価値に関する分析比率を求めてみよう。
　D社はC社に比較して高い付加価値率があるため，一人当たり売上高が少
ない部分をカバーしている。C社の一人当たり売上高が多い理由は，労働装
備率に現れており，販売方法が設備に依存している事がわかる。一方，D社
の売上は設備よりむしろ個人の販売能力に依存していると考えられ，そのた
めC社の一人当たり人件費は低く，D社のそれは高くなっている。結果的に
D社はC社に比較して，労働分配率が高率となっている。

分析比率	C社	D社
労　働　生　産　性	12百万円	12百万円
一人当たり売上高	100百万円	75百万円
付　加　価　値　率	12%	16%
設　備　生　産　性	60%	240%
労　働　装　備　率	20百万円	5百万円
一人当たり人件費	5.4百万円	7.8百万円
労　働　分　配　率	45%	65%

BMW GROUP VALUE ADDED STATEMENT

	2021 in € million	2021 in %	2020 in € million	2020 in %	Change in %
WORK PERFORMED					
Revenues	111,239	96.0	98,990	98.4	12.4
Financial income	2,904	2.5	650	0.6	–
Other income	1,702	1.5	916	0.9	85.8
Total output	115,845	100.0	100,556	100.0	15.2
Cost of materials*	60,173	51.9	52,355	52.1	14.9
Other expenses	13,599	11.8	16,766	16.7	– 18.9
Bought-in costs	73,772	63.7	69,121	68.8	6.7
Gross value added	42,073	36.3	31,435	31.3	33.8
Depreciation and amortisation of total tangible, intangible and investment assets	11,758	10.1	11,976	11.9	– 1.8
Net value added	30,315	26.2	19,459	19.3	55.8
ALLOCATION					
Employees	12,286	40.5	12,244	63.0	0.3
Providers of finance	1,808	6.0	2,129	10.9	– 15.1
Government / public sector	3,758	12.4	1,229	6.3	–
Shareholders	3,827	12.6	1,253	6.4	–
Group	8,555	28.2	2,522	13.0	–
Minority interest	81	0.3	82	0.4	– 1.2
Net value added	30,315	100.0	19,459	100.0	55.8

* Cost of materials comprises all primary material costs incurred for vehicle production plus ancillary material costs (such as customs duties, insurance premiums and freight).

注

1　［延岡健太郎・岩崎孝明　2014］Kindle 版の位置 No. 502によれば，「キーエンスの経営哲学である「最小の資本と人で最大の付加価値をあげる」の短縮形として使用している。」としている。

2　［延岡健太郎・岩崎孝明　2014］Kindle 版の位置 No. 86。

3　［BMW GROUP 2021］107頁では，前頁の表のように付加価値を直接法から求め，それがどのように配分されたかを示している。

4　なお，無形固定資産や投資その他の資産に記載されている資産であっても，設備投資と考えられるもの（例えば鉱業権や店舗の保証金等）はこれに含めることが考えられる。

第5章　財務安定性の分析

「財務安定性の分析」は企業の財政状態を分析するものであり，貸借対照表の構成から検討される。財政状態とは資産と負債・純資産がどのようにバランスしているかということであり，その態様によって良否が判断されるものである。

1．財務安定性の観点

財務安定性は主として，(1)企業の短期の支払義務に対してどれだけの支払準備があるか，(2)企業が所有する固定資産の使用期間が，その調達資金の弁済期間に見合っているか，(3)企業の自己資本が十分か，の観点から検討される。これらは資金の調達とその運用を対比して考えられ，貸借対照表を中心にその分析が行われる。

ここで，先に掲げたA社の貸借対照表（当期末の部分）を，次のように書き換えておくと財務安定性に関する理解及び分析比率の算定が容易になる。

A社貸借対照表

（単位：千円）

流動資産 3,025,000	当座資産 1,837,200	負債の部 2,376,000	流動負債 1,936,000
	棚卸資産 1,125,000		固定負債 440,000
	その他 62,800	純資産（自己資本）の部 2,024,000	
固定資産 1,375,000			

以下の分析で必要となる概念は次のとおりである。

① 短期の支払義務…流動負債1,936,000千円

② 短期の支払準備…流動資産3,025,000千円

③ 即時支払いに充てられるもの…当座資産1,837,200千円

④ 所有する固定資産…固定資産1,375,000千円

⑤ 返済不要の資金…純資産の部2,024,000千円（自己資本）

⑥ 返済不要もしくは長期にわたって返済する資金

　　…自己資本2,024,000千円＋固定負債440,000千円＝2,464,000千円

⑦ 総資産…資産合計4,400,000千円

　（流動資産3,025,000千円＋固定資産1,375,000千円）

２．財務安定性を判断するための分析比率

財務安定性を判断するための分析比率は，次のようになる。

⑴ 短期の支払義務に対してどれだけの支払準備があるかの分析比率

短期の概念は会計上「流動」とよばれることから，この分析は流動性分析ともよばれ，分析比率には次のようなものがある。

① 流 動 比 率

$$流動比率（\%）＝\frac{流動資産}{流動負債}×100$$

A社　（3,025,000千円÷1,936,000千円）×100＝156.25％

これは，以下の図のように流動資産と流動負債を比較した結果を，比率を用いて示しているものである。

流動資産 短期の支払準備 3,025,000千円	← 比較 →	流動負債 短期の支払義務 1,936,000千円

　流動負債は一年もしくは正常な営業循環の期間中に支払わなければならない債務であり，流動資産は同期間中に現金化もしくは費用化する資産である。現金化する資産は当然として，費用化する資産もそれによって収益を得ることにより現金同等物もしくは債権となるため，両者とも支払いに充てられることになる。

　すなわち流動負債を支払うのは流動資産であり，流動比率は当然に100％以上なくてはならず，伝統的には200％以上が望ましいといわれている[1]。これは流動資産のなかに販売して初めて現金同等物もしくは債権となる棚卸資産が含まれているためで，流動資産に占める棚卸資産の割合が多い場合には，流動負債の返済が即時にはできないからである[2]。ただし在庫管理及び資金の効率的利用が発達した現代の企業においては，200％以上にこだわる必要はないであろう。A社の場合でも，流動比率が156.25％となっているので，極端な販売不振などに陥らなければ短期の支払いに窮余することはないと考えられる[3]。

　②　当座比率

$$当座比率(\%) = \frac{当座資産}{流動負債} \times 100$$

　A社　（1,837,200千円÷1,936,000千円）×100≒94.89％

　これは，以下の図のように当座資産と流動負債を比較した結果を，比率を用いて示しているもので，別名「酸性試験比率」ともいわれる。

当座資産 現在の支払準備 1,837,200千円	← 比較 →	流動負債 短期の支払義務 1,936,000千円

　当座比率は流動比率をもっと厳格に考えたものである。当座資産とは，即時支払いに充てることができる資産であり，現金及び預金，売上債権，流動

資産に分類される有価証券が該当する[4]。すなわち流動資産の中には，棚卸資産やその他の流動資産が含まれているため，販売不振や貸付金の回収不能などが起こると，流動比率が100％を超えていても支払に行き詰まることがあり得る。よって流動資産のうち，すでに支払準備として使える当座資産だけを取り出し，これと流動負債の比率をみようとするものである。A社における当座比率は約94.89％となっており，このことから短期的な支払能力についてはほとんど問題がないといえる。

(2) 企業が所有する固定資産の使用期間が，その調達資金の弁済期間に見合っているかの分析比率

固定資産は長期にわたり使用するものである。よってその調達資金は返済不要なもの（自己資本）であるか，長期にわたって返済できるもの（固定負債，特に長期借入金や社債）でなければならない。

① 固 定 比 率

$$固定比率(\%) = \frac{自己資本}{固定資産} \times 100^5$$

A社　(2,024,000千円 ÷ 1,375,000千円) × 100 = 147.2%

これは，以下の図のように自己資本と固定資産を比較した結果を，比率を用いて示しているものである。

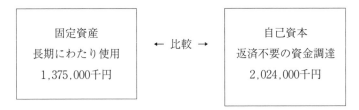

| 固定資産 長期にわたり使用 1,375,000千円 | ← 比較 → | 自己資本 返済不要の資金調達 2,024,000千円 |

この比率は，長期にわたって使用または利用する固定資産が，資金として最も安定している（＝返済の必要がない）自己資本によってどの程度賄われているかを示すものであり，100％以上であることが望ましいとするもので

ある。A社では147.2%となっており，固定資産の使用に関し資金調達の観点からは問題がない。

②　固定長期適合率

$$固定長期適合率(\%) = \frac{自己資本 + 固定負債}{固定資産} \times 100$$

A社　{(2,024,000千円 + 440,000千円) ÷ 1,375,000千円} × 100 = 179.2%

これは，以下の図のように自己資本と固定負債の合計を，固定資産と比較した結果を，比率を用いて示しているものである。

固定資産 長期にわたり使用 1,375,000千円	← 比較 →	自己資本 返済不要の資金調達 2,024,000千円
		固定負債 長期返済の資金調達 440,000千円

　設備の大きな装置産業（重工業，窯業，通信，ガス，電気等）では固定比率が100%を上回ることが困難となる。そこで株主資本の次に安定した資金である固定負債を加えて分析することが行われ，この比率が100%を上回っていれば，さしあたっての固定資産の安定性に問題はないと考えられる。

　また装置産業以外の企業では，この比率が100%を大きく上回ると固定資産の安定性がより保たれているということになる。A社では固定比率が100%を超えているので，当然に固定長期適合率についても問題はない。

(3)　企業の自己資本が十分であるかの分析比率

　企業の自己資本が十分かどうかという観点は，言い換えれば企業活動において使用している資金（資産）がどれだけ返済不要の資金で賄われているか，つまり企業経営において使用している資産の安全性を考えるものである。一

方，企業の債権者側から見れば，他人資本（負債）の金額に対し自己資本の
金額が多ければ多いほど，企業が有する資産のうち，他人資本によって賄わ
れている割合が少なくなるので，他人資本の弁済はそれだけ安全性が増すと
いうことになる。これを表す比率としては「自己資本比率」がよく使われる
概念で，この向上は債権者等の信用を高める効果がある。

$$自己資本比率(\%) = \frac{自己資本}{総資産} \times 100$$

A社　(2,024,000千円÷4,400,000千円)×100＝46%

　これは，以下の図のように自己資本と総資産を比較した結果を，比率を用
いて示しているものである。

総資産 運用している資金総額 4,400,000千円	← 比較 →	自己資本 返済不要の資金調達 2,024,000千円

　この比率が50%を下回ると自己資本より負債が多いことになり，そうでな
い場合より負債の弁済力が乏しいことになる。よってこの比率は，50%以上
が理論的に望ましいとされるが，業種によって開きがあり，預貯金（負債）
を多額に受け入れる金融機関などはおおむね8%程度あれば良いとされてい
る[6]。A社では46%となっており，良好な水準といえる。

3．財務安定性の分析についての設例

　ある乙社の前期及び当期の財務諸表について財務安定性の分析を行ってみ
る。

貸 借 対 照 表

（単位：千円）

資産の部		前期末	当期末	負債・純資産の部	前期末	当期末
流動資産		7,000	8,000	**流動負債**	3,500	5,000
当座資産	現金預金	1,200	800	仕入債務	1,800	2,600
	売上債権	2,200	2,000	短期借入金	1,700	2,400
	有価証券	450	200	**固定負債**	1,500	2,000
	棚卸資産	2,000	3,500	長期借入金	1,500	2,000
	その他	1,150	1,500	**負債合計**	5,000	7,000
固定資産		3,000	4,500	資 本 金	3,000	3,000
	有形固定資産	2,000	3,000	資本剰余金	500	500
	投資有価証券	600	1,300	利益剰余金	1,500	2,000
	その他	400	200	**純資産合計**	5,000	5,500
資産合計		10,000	12,500	**負債・純資産合計**	10,000	12,500

財務安定性に関する分析比率

	前　期	当　期
流 動 比 率(%)	200	160
当 座 比 率(%)	110	60
固 定 比 率(%)	166	122
固定長期適合率(%)	216	166
自己資本比率(%)	50	44

　乙社の財務安定性は悪化している。すべての比率が前年を下回り，この原因は棚卸資産・有形固定資産・投資有価証券の増加であり，これらに対する大部分を手持ち資金の取り崩しと借入れによって賄っている。ただし当座比率の大幅な下落を除き，他のすべての比率は一般的には望ましい状態である。このことから財務安定性について危険な状態というほどではなく，むしろ当期においても一般的には良好な財政状態である。つまり，積極的な投資を行った結果といえるであろう。

4．財務レバレッジ（Financial Leverage）

財務レバレッジとは総資産を自己資本で除したもの，すなわち自己資本比率の逆数である。

$$財務レバレッジ（\%）＝\frac{総資産}{自己資本}×100$$

A社　{(3,600,000千円＋4,400,000千円)÷2※}

　　　÷{(1,800,000千円＋2,024,000千円)÷2※}×100（%）

　　　≒209.2%

　　※ここでは以下の説明のために，収益性の分析と同様，前期末と当期末の平
　　　均値を用いて算定している。

収益性の分析では自己資本当期純利益率（ROE）について学習した。このROEの算式を，売上高当期純利益率と総資産回転率（両者を合わせると総資産当期純利益率）を用いて展開すると次のようになる。

$$ROE＝\frac{当期純利益}{自己資本}$$

$$＝\frac{当期純利益}{売上高}×\frac{売上高}{総資産}×\frac{総資産}{自己資本}$$

　　　売上高当期純利益率　総資産回転率　財務レバレッジ

　A社　ROE　15%＝3.824%×1.875回×209.2%

こうしてみるとROEは売上高当期純利益率，総資産回転率及び財務レバレッジによって変化するということになる。例えば財務レバレッジが1ということは，総資産に対する自己資本の割合が同じ，すなわち自己資本比率が100%ということである。そこから他人資本である負債が増えると，財務レバレッジは100%を超え，ROEを押し上げる。すなわち財務レバレッジはROEに対して，「梃子の働き（レバレッジ：leverage）」をすることからこの名称がつけられている。

自己資本にくらべて他人資本である負債が増加していくことは，財務安定

性の分析からすると好ましくはない。しかし，例えば借入金の調達金利が，配当やその他企業を維持するためのコスト（自己資本コストという，「11章（5.）」参照）より低い場合には，それを積極的に取り入れて資金を運用した方が，自己資本の調達によって運用をした場合より企業の収益性は向上し，結果的に ROE の向上を図ることができる。ROE の向上は，株主に対する還元（配当）を大きくできるだけではなく，上場会社の場合には株価の上昇，ひいては企業価値の増加に貢献する[7]。

　よって企業は自己資本比率の向上だけではなく，財務レバレッジの効果をも考慮して資金調達を行わなければならないということになる。

5．債務超過

　財務安定性が完全に損なわれた状態，すなわち負債が資産の金額を超えている状態を債務超過という。債務超過の状態では，純資産はマイナスとなる。

　債務超過の状態では，返済が必要な資金調達を運用している資金が下回るため，通常の営業活動において債務の弁済を継続していくことがきわめて困難と考えられる。通常の財務会計は企業が永続的に存在するという「継続企業の前提」[8]に立って，計算・記録・報告を行うが，債務超過の状態に陥った企業は，この前提から原則として逸脱することになる。

　債務超過の状態としては，公表された貸借対照表において債務超過となっている場合（形式債務超過）のみならず，公表されている貸借対照表を時価に置き換えたときに債務超過となる場合（実質債務超過）も含まれる。これを図示すると以下のようになる。

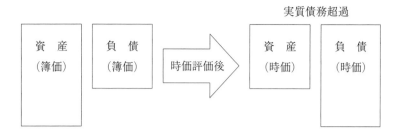

実質債務超過

注

1　「この比率は歴史的に"Two to One Ratio"などとも呼ばれてきた。つまり，200％以上が望ましい比率だというわけである。」〔伊藤邦雄 2014〕108頁。

2　〔桜井久勝 2020〕214頁によれば，「流動資産の換金を急いだために，換金額が貸借対照表計上額の半分になってしまったとしても，返済すべき流動負債と同額の資金が確保できることを念頭に置いたものである。」としている。

3　〔乙政正太 2019〕60頁によれば，「流動比率の判定を行う場合，支払債務の返済期限が早まっていないかどうか，不良債権や販売不可能な不良品が滞留（売上債権と棚卸資産の通常ではない増加）していないかを合わせて調査する必要がある。」としている。

4　売上債権は，それが不良債権でない限り，受取手形は割引や裏書譲渡等により，売掛金は第三者に売却（ファクタリング）や為替手形の発行により，即時に仕入債務等を支払ったり，現金預金化したりすることが考えられるため，当座資産を構成する。

5　固定比率の算式であるが，固定比率$(\%) = \dfrac{\text{固定資産}}{\text{自己資本}} \times 100$と，本文中に示した式と分母分子を逆にして説明されていることが多い（例えば〔伊藤邦雄 2014〕110頁，〔桜井久勝 2020〕219頁，〔乙政正太 2019〕63頁）。この場合には100％未満が望ましいことになる。

6　金融機関の自己資本比率は国際統一基準によれば，以下のように計算される。

「自己資本」　　　　　＝基本的項目〔Tier 1〕＋補完的項目〔Tier 2〕＋準補完的項目〔Tier 3〕－控除項目
「リスク・アセット」＝「信用リスク規制」の額＋「市場リスク規制」の額

「基本的項目」 （Tier 1）	資本金，公表準備金，海外SPC発行優先出資証券，為替換算調整勘定等
「補完的項目」 （Tier 2）	その他有価証券の評価益の45％，不動産の再評価益の45％，貸倒引当金，一定の要件を満たす永久劣後債・累積配当型優先株式，期限付劣後債・劣後ローン（原契約期間5年超），期限付優先株，期限付劣後債・劣後ローン，期限付優先株は残存期間が5年以内になった場合，年率20％の累積償却を行うことを条件に，Tier 1の50％まで算入できるが，算入できる額は，Tier 2とTier 3を合計した額がTier 1の額までとなる。 　Tier 1とTier 2は信用リスクとマーケット・リスクの両方をカバーする。

「準補完的項目」 （Tier 3）	以下の条件を満たす短期劣後債務（原契約期間 5 年以内）をさし，マーケット・リスクのみをカバーするもの。 ・無担保で，かつ，他の債務に劣後する払込済みのものであること ・原契約期間が 2 年以上であること ・約定された償還日以前に償還されないこと ・自己資本が不足した場合，利払い，償還を行うことができない特約が付されていること 　また，Tier 3 は，次の金額のうち，もっとも小さい額を上限として自己資本に算入できる。ただし，マーケット・リスクをカバーする Tier 1 がない場合は自己資本に算入できない。 ・マーケット・リスクをカバーする Tier 1 の250% ・マーケット・リスク相当額の 7 分の 5 ・Tier 1 の金額
控除項目	配当及び役員賞与の社外流出予定額 銀行相互間における自己資本比率向上のための意図的な保有とみなされる当該銀行相互間の株式，劣後債，劣後ローン等の額

7　このように，財務レバレッジだけを変化（増加）させれば，ROE は上昇することになる。このためか，平成26年ごろから上場企業では，ROE を上昇させるために，自社株買い（自己株式の取得）を行い，自己資本を減少して財務レバレッジを増加させる（自己資本比率を悪化させる）動きもみられる。例えば，日経電子版2017/1/6 2:00の記事では，「上値を追う自社株買い　資本効率重視，背中押す」として，「株価下落時の買い支え策に使うのが日本での自社株買いの歴史だった。日経平均が高値圏にある現状では，これまで通りなら自社株買い期待はさほど広がらなかったかもしれない。だが，足元では自己資本利益率（ROE）を持続的に高める手段としての活用が広がっている。」と記載されている。

　その一方で，2017年 6 月に日本政府は「未来投資戦略2017」を示し，ROA の改善を新目標に揚げている（日経電子版2017/8/3）。筆者個人としても，株主重視の ROE より，多くのステークホルダーの資金から収益性を算定する R・O・A を重視すべきであると考えている。

8　日本公認会計士協会の「継続企業の前提に関する開示について（監査・保証実務委員会報告第74号　改正平成21年 4 月21日）2」では，「財務諸表は，一般に公正妥当と認められる企業会計の基準に準拠して作成されるが，当該会計基準は継続企業の前提を基礎としていると解されているため，財務諸表に計上されている資産及び負債は，将来の継続的な事業活動において回収又は返済されることが予定されている。しかし，企業は様々なリスクにさらされながら事業活動を営んでいるため，企業が将来にわたって事業活動を継続できるかどうかは，もともと不確実性を有することとなる。このため，継続企業の前提に基づき作成された財務諸表といえども，必ずしも企業が将来にわたって事業活動を継続して営みうることを保証するものではない。」としている。

第6章 損益分岐点の分析及び CVP分析

「損益分岐点の分析」とは，その企業の損益分岐点を把握することにより，業績の変化に対する安全性の判断や，企業全体もしくはその一部の事業目標を設定するために用いられる分析手法である。また，損益分岐点を応用して費用（原価：Cost）売上数量（あるいは操業度：Volume）・利益（Profit）の関係を分析することを，CVP分析という[1]。

本章で用いるA社の財務諸表項目

損益計算書関係

（単位：千円）

項目または科目	金　　額
売 上 高	7,500,000
売 上 原 価	5,250,000
販売費及び一般管理費	1,762,500
営 業 利 益	487,500

販売費及び一般管理費の明細書

（単位：千円）

販 売 手 数 料	275,000
荷 造 運 賃	100,000
役 員 報 酬	55,000
給 料 手 当	704,000
退 職 給 付 費 用	83,000
法 定 福 利 費	58,000
貸 倒 引 当 金 繰 入 額	2,000
減 価 償 却 費	65,000
支 払 手 数 料	7,000
賃 借 料	31,000
租 税 公 課	16,500
そ の 他	366,000
合 計	1,762,500

1. 損益分岐点

(1) 損益分岐点の意義

損益分岐点とは，一般的には営業利益がゼロになる売上高，すなわち売上高と営業費用（売上原価＋販売費及び一般管理費）が等しくなる点をいい，その点における売上高を損益分岐点売上高という。つまり損益分岐点より売上高が高ければ利益が生じ，低ければ損失が生じることになる。創業後まもない企業や，損失を計上している企業にとっては損益分岐点売上高は目標値となることが考えられ，現在利益を上げている企業にとっては損益分岐点売上高と現在の売上高がどれほど離れているかを見ることによって赤字転落までの余裕を把握することができる。

(2) 費用の分解

損益分岐点を算定するには費用（営業費用）を変動費と固定費に分解することが必要となる[2]。

① 変 動 費

変動費とは売上高もしくは，操業度（設備の稼働割合）に比例して発生する費用をいう。

例えば，販売単価100円の商品について仕入単価が60円であり，売上1単位当たりに比例して発生する費用としてこれ以外のものがないとするなら，売上高100円に対する変動費は60円ということになり，変動費の総額は60円×売上数量として求められる。

変動費と売上高の関係を示すと図1のようになる。

図 1　変動費図表

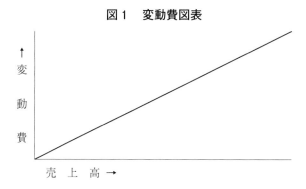

　この図から分かるように変動費は直線となるから，変動費を売上で除した「変動費率」は一定の値となる。

$$変動費率 = \frac{変動費}{売上高}$$

②　固　定　費

　固定費とは売上高や操業度の変化にかかわりなく，一期間に一定額発生する費用をいう。固定費と売上高の関係を示すと図 2 のようになる。

図 2　固定費図表

　実務上は変動費と固定費の区別がきわめて困難なので，一般的には次のように取り扱っている。なお，ここでは営業利益までの収益及び費用を対象として考えるものとする。

90

1）販売費及び一般管理費内の固定費：広告宣伝費，人件費，旅費交通費，
交際費，減価償却費，賃借料，租税公課，研究開発費，その他の販売費
及び一般管理費

2）変動費＝売上原価＋販売費及び一般管理費－1）

ただし，製造業の場合には製造原価も変動費と固定費に区分する。

つまり，まず固定費を求め，費用の総額（総費用）から固定費を控除する
ことによって変動費を求めることになる[3]。それではA社の損益計算書から
変動費と固定費を求めてみよう。

固定費＝販売費及び一般管理費の役員報酬からその他まで1,387,500千円

変動費＝売上原価5,250,000千円＋（販売費及び一般管理費1,762,500千円
－販売費及び一般管理費中の固定費1,387,500千円）
＝5,625,000千円

A社について変動費率を求めると次のようになる。

A社　変動費率＝（変動費5,625,000千円÷売上高7,500,000千円）
＝0.75[4]

(3)　損益分岐点の売上高の求め方

損益分岐点においては，

売上高－売上原価－販売費及び一般管理費＝0

であり，売上原価と販売費及び一般管理費は，変動費と固定費に分けられた
ので，

売上高－変動費－固定費＝0

売上高＝変動費＋固定費

となる。

ここで，この計算式を図表にしてみよう。まず，最初に以下のように固定
費（F）を記入する。

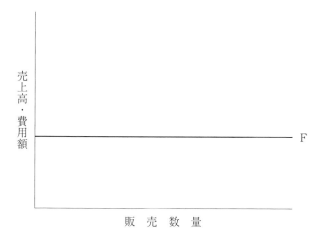

次に，この固定費（F）線の上から変動費（V）の線を記入する。

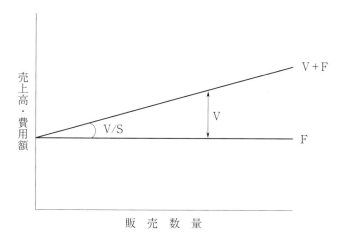

　すると，この斜線は固定費に変動費を加えたものであるから，総費用（V
+F）となる。次に，この表に売上高を加えると，総費用線と，売上高線の
交点が「損益分岐点（break even point：BEP）」であり，そこにおける売上
高が「損益分岐点売上高（break even point sales：BEPS)」となる（図3）。

92

図3　損益分岐点図表

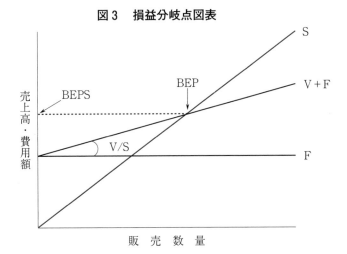

販　売　数　量

　この図表からわかるように，損益分岐点より販売数量が多い場合（図表の右側）では，売上高（S）が総費用（V＋F）を上回るため利益が生じ，逆に損益分岐点より販売数量が少ない場合（図表の左側）には，損失が生じていることになる。

　この図はCVP図表あるいは損益分岐図表とよばれる[5]。損益分岐点における売上高を算式をもって示すと，損益分岐点においては，

$$売上高(S) = 変動費(V) + 固定費(F)$$

である。ここで，変動費を変動費率$\left(\dfrac{V}{S}\right)$を用いて示すと，

$$S = S \times \frac{V}{S} + F$$

となるから，

$$S - S \times \frac{V}{S} = F$$

$$S\left(1 - \frac{V}{S}\right) = F$$

S ＝に戻すと

$$S = F \Big/ \left(1 - \frac{V}{S}\right)$$

となる。つまり，損益分岐点の売上高は，

$$損益分岐点の売上高 = \frac{固定費}{\left(1 - \dfrac{変動費}{売上高}\right)}$$

あるいは，

$$損益分岐点の売上高 = \frac{固定費}{(1 - 変動費率)}$$

として求められる[6]。

　A 社の損益分岐点の売上高は次のように求められる。

$$A 社　損益分岐点の売上高 = \frac{1,387,500 千円}{(1 - 0.75)} = 5,550,000 千円$$

　A 社の損益分岐点における売上高，変動費，固定費，営業利益は以下のように示される。

売上高	5,550,000 千円
変動費	4,162,500 千円　(5,550,000 千円 × 0.75)
固定費	1,387,500 千円
営業利益	0 千円

(4)　限界利益

　売上高から変動費を控除した額を「限界利益 (marginal profit)」[7]または「貢献利益 (contribution margin)」という。

$$A 社　限界利益 = 売上高 7,500,000 千円 - 変動費 5,625,000 千円$$
$$= 1,875,000 千円$$

　そして，売上高に対する限界利益の割合である限界利益率は以下のように示される。

$$限界利益率 = \frac{限界利益}{売上高} = \frac{売上高 - 変動費}{売上高}$$

変動費について変動費率を用いて表すと

　　　限界利益＝売上高－（売上高×変動費率）

であるから，限界利益率は（1－変動費率）でもある。

　　A 社　　限界利益率＝$\dfrac{1,875,000}{7,500,000}＝\dfrac{7,500,000-5,625,000}{7,500,000}＝0.25$

　このことから，損益分岐点における売上高は以下の算式にも置き換えられる。

$$損益分岐点の売上高＝\dfrac{固定費}{限界利益率}$$

　ここで限界利益に関する図表は，図4のようになる。

図4　　限界利益図表

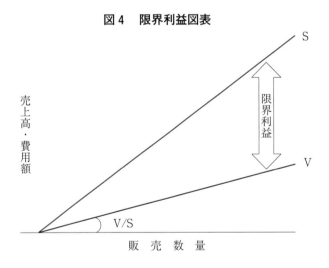

　ここで，この図に固定費を加えるとすると，変動費線の上に固定費分だけ差のある平行線が記入されることになり，再び損益分岐点図表が作成できる（図5）。

図5　損益分岐点図表

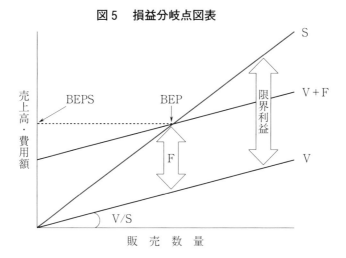

　これからわかるように，損益分岐点においては，限界利益と固定費（F）が一致していることになる。

(5)　損益分岐点に関する分析比率

　現在利益を計上している企業にとっては，損益分岐点と現在の売上高がどれほど離れているかをみることによって企業の安全性を把握することができる。これは具体的には安全余裕率と，損益分岐点水準という比率によって示される。

　①　安全余裕率（Marginof safety ratio：M/S 比率）

$$
安全余裕率（\%）= \frac{売上高 - 損益分岐点における売上高}{売上高}
$$
$$
= \frac{営業利益}{限界利益}[8]
$$

　A社　｛(7,500,000千円 − 5,550,000千円) ÷ 7,500,000千円｝×100＝26％

　安全余裕率とは損益分岐点からどれほど離れて現在の収益を獲得しているかを示すもので，この比率が高い場合には売上が多少下落しても赤字転落す

る危険が少なく，安全度が高いといえる。A社の場合，売上が今期の実績より26％未満の下落であれば赤字転落しないということになる。

② 損益分岐点水準

$$\text{損益分岐点水準}(\%) = \frac{\text{損益分岐点における売上高}}{\text{売上高}}$$
$$= 1 - \text{安全余裕率}$$

A社 $(5,550,000\text{千円} \div 7,500,000\text{千円}) \times 100 = 74\%$

損益分岐点水準は低ければ低いほど，収益に対する安全度が高いといえ，①の安全余裕率と基本的な考え方は同じである。すなわち「1－安全余裕率＝損益分岐点水準」であり，このことから安全余裕率は損益分岐点の位置もしくは損益分岐点比率ともいわれている。

③ 営業レバレッジ係数

営業量が少し変化すると利益が大きく変化する現象は，「営業レバレッジ（Operating leverage）」[9]または「経営レバレッジ（Management leverage）」とよばれ，以下のように表される。

$$\text{営業レバレッジ}(\%) = \frac{\text{限界利益}}{\text{営業利益}} \times 100$$

A社 $= 1,875,000\text{千円} \div 487,500\text{千円} \fallingdotseq 384.61\%$

これは売上量が一定パーセント変化した場合に，営業利益は何パーセント変化するかを示す比率であり，①の安全余裕率と逆数の関係にあるものである[10]。

(6) CVP 分析

それでは以下の設例を用いて，費用（原価 Cost）・売上数量（Volume）利益（Profit）の関係がどのようになるかを分析してみよう[11]。

設例

売上高	3,000,000千円（@30千円：販売数量100,000個）
変動費	1,800,000千円（@18千円）

固定費　　　　1,100,000千円

①　損益分岐点における売上高

変動費率＝1,800,000千円÷3,000,000千円＝0.6

（または18千円÷30千円）

損益分岐点における売上高＝1,100,000千円÷（1−0.6）

＝2,750,000千円

②　固定費が100,000千円増加した場合の損益分岐点における売上高

販売単価及び変動費率に変化がないとするならば以下の計算式によって求められる。

損益分岐点における売上高＝(1,100,000千円＋100,000千円)÷（1−0.6）

＝3,000,000千円

③　目標利益を500,000千円とした場合の目標売上高

目標利益を500,000千円とするということはすなわち以下のような場合である。

売上高−変動費−固定費＝500,000千円

すると，この式は次のようにも改められる。

売上高−変動費−(固定費＋500,000千円)＝0千円

ここで販売単価，変動費率及び固定費額に変化がないとするならば，固定費が500,000千円増加した場合の損益分岐点を求めれば，結果的に固定費は当初の1,100,000千円しか発生しないこととなるので，500,000千円の利益が生じることになる。

目標売上高＝(1,100,000千円＋500,000千円)÷（1−0.6）

＝4,000,000千円

④　次期の予想売上数量を90,000個とし，単位当たり変動費に変化がない

とした場合に，損益分岐点を維持するために削減すべき固定費の額

次期の売上数量が90,000個で販売単価及び変動費率に変化がない場合には売上高及び変動費は次のように計算される。

予想売上高　90,000個×@30千円＝2,700,000千円

　　　　予想変動費　2,700,000千円×0.6＝1,620,000千円

　すると限界利益は2,700,000千円－1,620,000千円＝1,080,000千円となり，これが固定費の額と一致しなければ損益分岐点とならない。よって削減すべき固定費の額は1,100,000千円－1,080,000千円＝20,000千円となる。

　⑤　販売単価が@24千円となった場合の損益分岐点における売上高の金額

　販売単価が@24千円となり単位当たり変動費が変わらない場合には，変動費率が変化する。

　　　　変動費率＝18千円÷24千円＝0.75

　そして固定費が変化しない場合には，損益分岐点における売上高は次のようになる。

　　　損益分岐点における売上高＝1,100,000千円÷（1－0.75）
　　　　　　　　　　　　　　　　＝4,400,000千円

　②・④・⑤ではひとつの要素が変化し，他の要素が変化しない場合を考えてきたが，複数の要素が変化する場合であっても，基本的な考え方は変わらない。

　⑥　販売単価が@28千円，変動費単価が@18.2千円，固定費が980,000千
　　円となった場合の損益分岐点の売上高

　　　変動費率＝18.2千円÷28千円＝0.65
　　　損益分岐点の売上高＝980,000千円÷（1－0.65）
　　　　　　　　　　　　　＝2,800,000千円

2．資金収支分岐点分析

(1)　資金収支分岐点の意義

　資金収支分岐点とは，一会計期間の売上高等資金収入と費用等資金支出が等しくなるような売上高の点，すなわち「資金収支がゼロの点」をいう。

　損益分岐点では損益がゼロであった。しかしながら企業は損益分岐点より多い売上高を計上しても資金的にはマイナスとなることがあり，その反対に損益分岐点より少ない売上高を計上しても資金的に不足しない場合もある。

これは収入＝収益，費用＝支出とはならないことに起因する（詳しくは第 7 章　キャッシュ・フローの分析参照）。そこで資金収支点分析においては，収益と収入の違い，及び費用と支出の違いを考慮しなければならないが，ここでは計算が複雑となるのを避けるために，固定費もしくは固定的支出項目に限って費用と支出の違いを取り上げることとし，つまり収益＝収入，変動費＝変動費支出という仮定をおく。

(2)　費用と支出の相違

固定費と固定的支出の相違には次のようなものがあると考えられる。

① 　費用未支出（固定費であるが支出でないもの）

　減価償却費，貸倒引当金繰入額，退職給付費用のうち引当金繰入額など

② 　支出未費用（固定的支出であるが固定費でないもの）

　長期借入金の定額分割返済額など

(3)　資金収支分岐点の算式

　ここでは簡単なモデルを考える。前述したように前提条件として収益＝収入，変動費＝変動費支出とすると，資金収支分岐点は損益分岐点の固定費を調整することによって求められることになる。

$$支出＝費用－費用未支出＋支出未費用$$

$$＝（変動費＋固定費）－費用未支出＋支出未費用$$

$$＝変動費＋（固定費－費用未支出＋支出未費用）$$

損益分岐点の算式

$$損益分岐点売上高＝固定費÷（1－変動費率）$$

資金収支分岐点の算式

$$資金収支分岐点売上高＝（固定費－費用未支出＋支出未費用）÷（1－変動費率）$$

資金収支分岐点 の売上高	← 一致 →	変　動　費
		固　定　費 －費用未支出 ＋支出未費用

(4) 単純な設例による資金収支分岐点の計算

① 設　例

売　上　高	20,000,000千円
変　動　費	16,000,000千円
固　定　費	3,000,000千円
固定費に含まれる減価償却費	1,500,000千円
長期借入金の定額返済額	1,000,000千円

② 損益分岐点の売上高

損益分岐点＝3,000,000÷{1 －(16,000,000÷20,000,000)}

　　　　　＝15,000,000千円

③ 資金収支分岐点の売上高

資金収支分岐点＝(3,000,000－1,500,000＋1,000,000)

　　　　　　　÷{1 －(16,000,000÷20,000,000)}

　　　　　　　＝12,500,000千円

この例では資金収支分岐点は損益分岐点より低くなり，売上高が12,500,000千円以上あれば仮に損失が生じても，資金的には不足しないことになる。

④ 長期借入金の定額返済額が2,000,000千円となったときの資金収支分岐点の売上高

資金収支分岐点＝ (3,000,000－1,500,000＋2,000,000)

　　　　　　　÷{1 －(16,000,000÷20,000,000)}

$$=17,500,000千円$$

注

1　[岡本清 2000] 402頁によれば,「しかし分析上,損益分岐点だけが問題ではなく,売上高をいくら増やせば原価はどうなるか,利益はいくらになるか,というように,原価と営業（業務）量と利益の三者の全体の関係が重要であるということから,CVP 分析（cost-volume-profit analysis）といわれるようになった。したがって CVP 分析は,損益分岐分析を含む広い概念である。」としている。

2　[乙政正太 2022] 174頁によれば,「実際には,固定費と変動費の両方の性質を持つ準変動費や準固定費に分類される費用もあるので,単純に固定費と変動費に分類することが難しいケースも存在する。」としている。なお,準変動費と準固定費を図示すると以下のようになる。

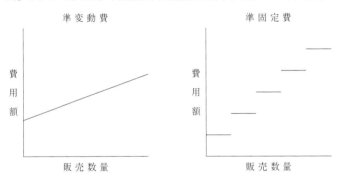

3　ここでは,費用項目の内訳明細に注目し,各項目をその性質に基づいて変動費と固定費に分類する「費目別法（あるいは勘定科目法）」によっている。しかし,費用を変動費と固定費に分解する方法には,この他に総費用法と最小二乗法があげられる（[桜井久勝 2020] 239～247頁,[乙政正太 2019] 183～189頁）。

　　総費用法とは,2期分の総費用を比較し,その増額分をすべて変動費の増加分と仮定して変動費率を求める方法である。ただし増額分のうち,明らかに固定費が増加した部分については調整して計算する必要がある。

　　最小二乗法とは,現実の総費用と,以下の算式で推計される総費用の推定値との誤差の 2 乗和が最小になるように,固定費と変動費率を計算する方法で,そこでは時系列データが利用される。

　　　　総費用(y) = 固定費(a) + 変動費率(b)×売上高(x)

4　変動費率については,百分比で示すこともある。

5　「CVP 分析は損益分岐分析（breakeven analysis）ともいう。」[廣本敏郎・挽文子 2015] 416頁。

6　変動費は「売上に比例して発生する費用」と定義していることから,変動費率は損益分岐点における売上高であっても,それ以外の売上高であっても不変であるということになる。よって,費目別法におけるこの計算式の変動費率は,損益分岐点とは異なる売上高と変動費を用いて算定

される。

7 ［岡本清 2000］484頁によれば，「貢献利益は，以前は限界利益（marginal profit）といわれた。両者は同じものである。ただし貢献利益は，利益獲得に貢献する側面を強調する言葉であるのにたいし，限界利益は，営業量の増減に応じて増減する限界部分の利益を強調する言葉である。」としている。ただし，本書では第9章において，事業部別の損益を貢献利益として用いているので，ここでは限界利益として記載している。

8 安全余裕率は以下のようにも求めることができる。販売数量を x，販売単価を p，販売品一個当たり原価（変動費）を v，固定費を F とする。つまり，x(p−v) は限界利益であり，そこから F を控除したものは営業利益である。

$$安全余裕率 = \frac{売上高 − 損益分岐点における売上高}{売上高}$$

$$= \frac{px − p\left(\dfrac{F}{p−v}\right)}{px} = \frac{x − \dfrac{F}{p−v}}{x} = \frac{x(p−v)−F}{x(p−v)}$$

$$= \frac{営業利益}{限界利益}$$

9 ［廣本敏郎・挽文子 2015］429頁。

10 営業レバレッジは以下のように求めることができる。ただし，販売数量を x，販売単価を p，販売品1個当たり原価（変動費）を v，固定費を F，増分値を△とする。

$$営業レバレッジ = \frac{営業利益の変化率}{販売数量の変化率}$$

$$= \frac{営業利益の増分値}{営業利益} \div \frac{販売数量の増分値}{販売数量}$$

$$= \frac{△x(p−v)}{x(p−v)−F} \div \frac{△x}{x}$$

$$= \frac{△x \cdot x(p−v)}{△x(x(p−v)−F)}$$

$$= \frac{x(p−v)}{x(p−v)−F} = \frac{限界利益}{営業利益}$$

11 CVP分析については，本文のように，数式で解を求める方法より，ワークシートを用いた方が，便利なことも多い。与えられた項目のみを用いて，ワークシートを作成すると次ページのようになる。

	現在	①	②	③	④	⑤	⑥
販売数量	100,000				90,000		
販売単価	30	30	30	30	30	24	28
変動費単価	18	18	18	18	18	18	18.2
売上高　　　　S	3,000,000				2,700,000		
変動費　　　　V	1,800,000				1,620,000		
（変動費率）　V/S	0.6	0.6	0.6	0.6	0.6		
限界利益　　S-V	1,200,000	1,100,000			1,080,000		
（限界利益率）1-変動費率	0.4	0.4	0.4	0.4	0.4		
固定費　　　　F	1,100,000	1,100,000	1,200,000	1,100,000		1,100,000	980,000
営業利益　S-V-F	100,000	0	0	500,000	0	0	0

　まず，①②④⑤⑥については，損益分岐点における売上高を求めるのであるから，すべて営業利益は 0 となる。そして，そこにおいては限界利益の額と固定費の額は一致しているから，①及び⑤は 1,100,000 千円，②は 1,200,000 千円，③は 1,600,000 千円，⑥は 980,000 千円と記入できる。売上高については，限界利益を限界利益率で除することによって算定でき，それ以外の空欄は，表の形式に従うだけで埋められることになり，最終的には以下の表になる。

	現在	①	②	③	④	⑤	⑥
販売数量	100,000	91,667	100,000	133,333	90,000	183,333	100,000
販売単価	30	30	30	30	30	24	28
変動費単価	18	18	18	18	18	18	18.2
売上高　　　　S	3,000,000	2,750,000	3,000,000	4,000,000	2,700,000	4,400,000	2,800,000
変動費　　　　V	1,800,000	1,650,000	1,800,000	2,400,000	1,620,000	3,300,000	1,820,000
（変動費率）　V/S	0.6	0.6	0.6	0.6	0.6	0.75	0.65
限界利益　　S-V	1,200,000	1,100,000	1,200,000	1,600,000	1,080,000	1,100,000	980,000
（限界利益率）1-変動費率	0.4	0.4	0.4	0.4	0.4	0.25	0.35
固定費　　　　F	1,100,000	1,100,000	1,200,000	1,100,000	1,080,000	1,100,000	980,000
営業利益　S-V-F	100,000	0	0	500,000	0	0	0

第7章　キャッシュ・フローの分析

　会計における収益・費用の概念は必ずしも実際の収入・支出とは一致しない。そこで収入・支出がどのように行われたかを分析するため「キャッシュ・フローの分析」が行われる。本章では財務諸表の数値を調整することによってキャッシュ・フロー計算書を作成し，その結果をどのように考えるかについて説明する。

　キャッシュ・フロー計算書の作成では，損益計算書と貸借対照表の増減を用いるので，ここに第2章に示したA社の貸借対照表とその増減（当期末残高−前期末残高），損益計算書，販売費及び一般管理費の明細書を再度示しておく。また，固定資産，有価証券，借入金の増減については補足を加えるものとする。

A社　貸借対照表の増減一覧

（単位：千円）

	前期末	当期末	増減
流動資産	2,400,000	3,025,000	625,000
現金及び預金	600,000	709,200	109,200
受取手形	138,000	201,000	63,000
売掛金	763,000	902,000	139,000
有価証券	48,000	28,000	−20,000
商品	800,000	1,125,000	325,000
その他	52,000	62,800	10,800
貸倒引当金	−1,000	−3,000	−2,000
固定資産	1,200,000	1,375,000	175,000
有形固定資産	925,000	1,075,000	150,000
建物	320,000	379,000	59,000
車両運搬具	35,000	40,000	5,000
器具備品	160,000	185,000	25,000
土地	410,000	471,000	61,000
無形固定資産	25,000	30,000	5,000
ソフトウェア	2,000	5,000	3,000
その他	23,000	25,000	2,000
投資その他の資産	250,000	270,000	20,000
投資有価証券	100,000	100,000	0
繰延税金資産	150,000	170,000	20,000
資産合計	3,600,000	4,400,000	800,000

	前期末	当期末	増減
流動負債	1,475,000	1,936,000	461,000
支 払 手 形	200,000	225,000	25,000
買 掛 金	1,000,000	1,200,000	200,000
短 期 借 入 金	114,000	303,000	189,000
未 払 法 人 税 等	50,000	75,000	25,000
未 払 消 費 税 等	13,800	15,000	1,200
賞 与 引 当 金	84,000	98,000	14,000
そ の 他	13,200	20,000	6,800
固定負債	325,000	440,000	115,000
長 期 借 入 金	148,000	200,000	52,000
退 職 給 付 引 当 金	177,000	240,000	63,000
負 債 合 計	1,800,000	2,376,000	576,000
資 本 金	700,000	700,000	0
資 本 剰 余 金	175,000	175,000	0
利 益 剰 余 金	925,000	1,149,000	224,000
（うち当期純利益）	(210,000)	(286,800)	(76,800)
純 資 産 合 計	1,800,000	2,024,000	224,000
負 債 ・ 純 資 産 合 計	3,600,000	4,400,000	800,000

　なお，その他流動資産はすべて販売費及び一般管理費の前払であり，その他流動負債はすべて人件費の未払である。

　また，当期中における有価証券，固定資産及び借入金の増減は以下のとおりとする。

項　　目	増加原因及び金額		減少原因及び金額	
有価証券		0	売 却	20,000
有形固定資産	取 得	243,500	減価償却	63,500
			売 却	30,000
無形固定資産	取 得	6,500	減価償却	1,500
短期借入金	借 入	303,000	返 済	114,000
長期借入金	借 入	52,000		0

A社　損益計算書

（単位：千円）

	金　額
売上高	7,500,000
売上原価	5,250,000
売上総利益	2,250,000
販売費及び一般管理費	1,762,500
営業利益	487,500
営業外収益	
受取利息及び配当金	6,000
有価証券売却益	4,000
営業外収益合計	10,000
営業外費用	
支払利息	17,500
営業外費用合計	17,500
経常利益	480,000
特別利益	
固定資産売却益	10,000
特別利益合計	10,000
特別損失	
損害賠償損失	90,000
特別損失合計	90,000
税引前当期純利益	400,000
法人税，住民税及び事業税	133,200
法人税等調整額	−20,000
法人税等合計	113,200
当期純利益	286,800

販売費及び一般管理費の明細書

(単位：千円)

販　売　手　数　料	275,000
荷　造　運　賃	100,000
役　員　報　酬	55,000
給　料　手　当	704,000
退　職　給　付　費　用	83,000
法　定　福　利　費	58,000
貸倒引当金繰入額	2,000
減　価　償　却　費	65,000
支　払　手　数　料	7,000
賃　借　料	31,000
租　税　公　課	16,500
そ　の　他	366,000
合　　計	1,762,500

1．キャッシュ・フローの意義

　会計上の収益の金額は，そのすべてが現金預金等に入金（回収）してはいない。例えば売上を計上してもそれがまだ未回収である場合には，売上債権（受取手形及び売掛金）として資産に計上されているため，収入とはなっていない。一方で，前期に未回収であった売上債権は前期に売上に計上しているため，当期の収益には含まれていないが，通常であれば当期にそれを回収し，収入となっているはずである。同様に，費用の金額も未払の段階で計上されている部分については，当期においては現金預金等で支払い（支出）はされていないが，前期に費用計上された部分については当期に支出されているはずである。さらに，将来費用とされる金額を前払している場合には，当期に支出をしているにもかかわらず，当該金額は資産に計上されているため，費用になっていない。このように，「収益・費用」と「収入・支出」は異なる概念であり，企業は，多額の利益を計上していても支払資金が行き詰まることもあれば，多額の損失を計上していても資金が安定していることもある。この収入と支出の状況を明らかにしたものがキャッシュ・フローであり，企業の状況を把握するためには，会計上の損益以外にキャッシュ・フローの状

態も観察する必要がある。

　ただし，キャッシュ・フローは，収入及び支出の記録を用いなくとも，前期及び当期の貸借対照表と損益計算書，及びその付属明細表（本書では有価証券，固定資産，借入金について増減内訳を示している）から計算することができる。本章では，その方法を詳しく解説する。

　ここで，キャッシュ・フローにおける資金の範囲であるが，「連結キャッシュ・フロー計算書等の作成基準[1]（以下，本章では「キャッシュ・フロー計算書作成基準」という）」では次のように定めている。

　①　資金の範囲

　現金及び現金同等物とする。

　②　現金の範囲

　手許現金及び要求払預金（当座預金，普通預金，通知預金）をいう。

　③　現金同等物の範囲

　容易に換金可能であり，かつ，価値の変動について僅少なリスクしか負わない短期投資をいう。これには，取得日から満期日または償還日までの期間が3か月以内の短期投資である定期預金，譲渡性預金，コマーシャル・ペーパー等がある。

　本章では「現金預金」がこれに該当するものとする。

2. キャッシュ・フロー計算書

　キャッシュ・フロー計算書とは一会計期間におけるキャッシュ・フローの状況を報告するために作成されるものあり，金融商品取引法適用会社等はその公表を義務付けられている[2]。これは，次のようなフォーマットからなる。

Ⅰ	営業活動によるキャッシュ・フロー	×××
Ⅱ	投資活動によるキャッシュ・フロー	×××
Ⅲ	財務活動によるキャッシュ・フロー	×××
Ⅳ	現金及び現金同等物に係る換算差額	×××
Ⅴ	現金及び現金同等物の増加額（または減少額）	×××

Ⅵ　現金及び現金同等物の期首残高　　　　　×××

Ⅶ　現金及び現金同等物の期末残高　　　　　×××

　つまりキャッシュ・フローの内容を，それぞれ「Ⅰ　営業活動」,「Ⅱ　投資活動」,「Ⅲ　財務活動」の区分に分けて記載し,「Ⅳ」では，現金及び現金同等物に係る換算差額を記載し（本書では外貨の換算が必要なものはないので記載されていない）, ⅠからⅣまでの金額が合計され「Ⅴ　現金及び現金同等物の増加額」となる。これがその会計期間における現金および現金同等物の増加額（または減少額）となり，これにⅥ「現金及び現金同等物の期首残高」を加算して最終的にⅦ「現金及び現金同等物の期末残高」が求められる。

　そしてⅥの「現金及び現金同等物の期首残高」は「前期末の貸借対照表の数値」と，Ⅶの「期末残高」は「当期末の貸借対照表の数値」と一致する[3]。

Ⅵ現金及び現金同等物の期首残高 ＝ 期首(前期末)の現金預金(B／S)	キャッシュ・フローの増減 ⇒	Ⅶ現金及び現金同等物の期末残高 ＝ 期末の現金預金(B／S)

　つまりキャッシュ・フロー計算書は前期末の貸借対照表に計上されている現金及び現金同等物（ストック）が，一会計期間にどのような増減を経て当期末の数字になったかを示すもので，当期純利益の算出課程を示す損益計算書の考え方と似ており，貸借対照表に計上されている資金についての一会計期間における増減を詳細に示すものと考えればよいであろう。以下,「営業活動によるキャッシュ・フロー」,「投資活動によるキャッシュ・フロー」,「財務活動によるキャッシュ・フロー」の内容について説明する。

(1)　営業活動によるキャッシュ・フロー
　損益計算書における営業損益計算（売上高から営業利益まで）の対象とな

った取引（キャッシュ・フロー計算書では「営業収入」から「小計」まで）のほか，投資活動（(2)参照）及び財務活動（(3)参照）以外の取引によるキャッシュ・フローを示すものである。「営業活動によるキャッシュ・フロー」の区分には，例えば，次のようなものが記載される[4]。

(1) 商品及び役務の販売による収入（営業収入）

(2) 商品及び役務の購入による支出（仕入支出）

(3) 従業員及び役員に対する報酬の支出（人件費支出）

(4) 災害による保険金収入

(5) 損害賠償金の支払

「営業活動によるキャッシュ・フロー」の表示方法には直接法と間接法がある。直接法はキャッシュ・フローを総額表示する方法であり，間接法は会計上の利益の金額を，営業キャッシュ・フローに置き換える，いわば純額表示をする方法といえる。企業が公表しているキャッシュ・フロー計算書は間接法によっていることが多い。しかし筆者は，キャッシュ・フローの計算過程は，直接法における考え方を理解することが重要であると考えるため，まず次の3．では直接法から説明する。その後4．において間接法を説明するが，直接法の考え方が理解できていれば，間接法は表示様式が異なるだけなので，説明に沿って数値を算定していけば，容易に理解できるはずである。

① 直接法・・・主要な取引ごとにキャッシュ・フローを総額表示する方法であり，記載例としては以下のようになる（キャッシュ・フロー計算書作成基準注解(注7)様式1）。

記載例）	営業収入	×××
	原材料または商品の仕入支出	−×××
	人件費支出	−×××
	その他の営業支出	−×××
	小　計	×××
	利息及び配当金の受取額	×××

利息の支払額	−×××
損害賠償金の支払額	−×××
・・・・・	×××
法人税等の支払額	−×××
営業活動によるキャッシュ・フロー	×××

　ここで，利息及び配当金に係るキャッシュ・フローについては次のいずれか
の方法により記載される（キャッシュ・フロー計算書作成基準第二二3）。

ⅰ）受取利息，受取配当金及び支払利息は「営業活動によるキャッシュ・
　　フロー」の区分に記載し，支払配当金は「財務活動によるキャッシュ・
　　フロー」の区分に記載する方法（利息の受取額及び支払額は，総額で表
　　示するものとする。）

ⅱ）受取利息及び受取配当金は「投資活動によるキャッシュ・フロー」の
　　区分に記載し，支払利息及び支払配当金は「財務活動によるキャッシ
　　ュ・フロー」の区分に記載する方法

　上記の記載例はⅰ）の方法によっているが，本書の以下の計算例は，ⅱ）
の方法で示している。

　また，法人税等（住民税及び利益に関連する金額を課税標準とする事業税
を含む。）に係るキャッシュ・フローは，「営業活動によるキャッシュ・フロ
ー」の区分に記載する（キャッシュ・フロー計算書作成基準第二二2）。

②　間接法・・・税引前当期純利益に非資金損益項目，営業活動にかかわ
　　　　　　　　る資産及び負債の増減，「投資活動によるキャッシュ・フ
　　　　　　　　ロー」及び「財務活動によるキャッシュ・フロー」の区分
　　　　　　　　に含まれる損益項目を加減して表示する方法であり，記載
　　　　　　　　例としては以下のようになる（キャッシュ・フロー計算書
　　　　　　　　作成基準注解（注7）様式2[5]）。

114

```
記載例）　税引前当期純利益　　　　　　×××

　減価償却費　　　　　　　　　×××
　貸倒引当金の増加額　　　　　×××　｝1）

　受取利息及び受取配当金　　　－×××
　支払利息　　　　　　　　　　×××
　為替差損　　　　　　　　　　×××　｝2）
　有形固定資産売却益　　　　　－×××
　損害賠償損失　　　　　　　　×××

　売上債権の増加額　　　　　　－×××
　棚卸資産の減少額　　　　　　×××　｝3）
　仕入債務の減少額　　　　　　－×××
　　　・・・・・・
　　　　　小　計　　　　　　　　×××
　　損害賠償金の支払額　　　　　－×××
　　　　・・・・・
　　　　　　　　　　　　　　　　×××
　　法人税等の支払額　　　　　　－×××
営業活動によるキャッシュ・フロー　　×××
```

　両方法とも「小計」以下の記載は同じである。ただし間接法では税引前当期純利益から営業活動によるキャッシュ・フローの記載が始まる。ここで表中の1），2），3）の区分に従ってその内容を解説する。

　1）の区分

　　まず費用のうち明らかに支出を伴わないもの（減価償却費及び引当金の増加額）は，その部分だけ利益よりキャッシュ・フローのほうが多い（つまり支出が行われていないのであるから，キャッシュは減少していない）と考えられるので，これを加算する。

　2）の区分

　　次に特別利益・特別損失，営業外収益・営業外費用＊のうち資金の移動があったものについて，収益を減算し，費用を加算する。つまり営業活動

によるキャッシュ・フローを求めるのであるから，その基本となるのは損益計算書上の営業利益であり，税引前当期純利益から遡って営業利益を計算する過程を示している[6]。この関係は図1のようになる。

図1　税引前当期純利益と営業利益の関係

損益計算書	キャッシュ・フロー計算書
営業利益	税引前当期純利益
＋営業外収益	－営業外収益
－営業外費用	＋営業外費用
＋特別利益	－特別利益
－特別損失	＋特別損失
＝税引前当期純利益	＝営業利益（特に表示はされない）

＊　ただし，営業外収益・費用のうち，投資活動及び財務活動に係らないもの（例えば不動産賃貸収益とそれに対する費用）については，この調整項目には算入しない事になる。

3）の区分

　次に，営業利益を収入及び支出の概念に変更するため，前期末と当期末の貸借対照表から，売上債権・棚卸資産・仕入債務の増減等を加減する（この考え方は下記3(1)において説明する）。

以上の1），2），3）の手続きを行うことによって直接法と同じ小計欄までのキャッシュ・フローを税引前当期純利益の調整として求めていることになるのであるが，詳しくは4.で解説する。

(2)　投資活動によるキャッシュ・フロー

「投資活動によるキャッシュ・フロー」の区分には，固定資産の取得及び売却，現金同等物に含まれない短期投資の取得及び売却等によるキャッシュ・フローが記載され，キャッシュ・フロー計算書作成基準注解(注4)では，例えば，次のようなものが記載されるとしている。

(1) 有形固定資産及び無形固定資産の取得による支出

(2) 有形固定資産及び無形固定資産の売却による収入

(3) 有価証券（現金同等物を除く。）及び投資有価証券の取得による支出

(4) 有価証券（現金同等物を除く。）及び投資有価証券の売却による収入

(5) 貸付けによる支出

(6) 貸付金の回収による収入

記載例は以下のようになる。

記載例)	
有価証券の取得による支出	−×××
有価証券の売却による収入	×××
有形固定資産の取得による支出	−×××
有形固定資産の売却による収入	×××
投資有価証券の取得による支出	−×××
投資有価証券の売却による収入	×××
貸付による支出	−×××
貸付金の回収による収入	×××
・・・・・・・・・	×××
投資活動によるキャッシュ・フロー	×××

(3) 財務活動によるキャッシュ・フロー

「財務活動によるキャッシュ・フロー」の区分には，資金の調達及び返済によるキャッシュ・フローが記載され，キャッシュ・フロー計算書作成基準注解(注5)では，例えば，次のようなものが記載されるとしている。

(1) 株式の発行による収入

(2) 自己株式の取得による支出

(3) 配当金の支払

(4) 社債の発行及び借入れによる収入

(5) 社債の償還及び借入金の返済による支出

記載例は以下のようになる。

```
記載例）　短期借入れによる収入　　　　　　　×××
　　　　　短期借入金の返済による支出　　　　－×××
　　　　　長期借入れによる収入　　　　　　　×××
　　　　　長期借入金の返済による支出　　　　－×××
　　　　　社債の発行による収入　　　　　　　×××
　　　　　社債の償還による支出　　　　　　　－×××
　　　　　株式の発行による収入　　　　　　　×××
　　　　　自己株式の取得による支出　　　　　－×××
　　　　　・・・・・・・・・・　　　　　　　×××
　　　　　財務活動によるキャッシュ・フロー　×××
```

3．直接法による「営業活動によるキャッシュ・フロー」の作成

　「営業活動によるキャッシュ・フロー」を直接法によって作成する場合には，項目ごとに収入・支出を算定していくことになる。具体的には，損益計算書に計上された収益・費用について，貸借対照表の前期末及び当期末の数値を加算・減算して，収入・支出の金額が算定される（図2参照）。

図2　直接法の考え方

損益計算書	キャッシュ・フロー計算書
売上高	営業収入
売上原価	商品の仕入支出
人件費	人件費支出
その他販売費及び一般管理費	その他営業支出
法人税，住民税及び事業税	法人税等の支払額

　以下，A社について「営業活動によるキャッシュ・フロー」の表を直接法によって作成してみよう。

(1)　営業収入の算定

　それでは，売上高，及び期首と期末の売上債権残高から営業収入を算定し

てみよう[7]。

　まず，前期末までに現金預金等で回収されていない売上債権は前期末（当期首）の貸借対照表に計上されている901,000千円（受取手形138,000千円＋売掛金763,000千円）である。そして，損益計算書に売上高は7,500,000千円と表示されていることから，両者の全額が当期中に現金預金等で回収されたとするならば，それは901,000千円＋7,500,000千円＝8,401,000千円となる。

　しかし，当期末の貸借対照表にも売上債権1,103,000千円（受取手形201,000千円＋売掛金902,000千円）が計上されている。つまり，1,103,000千円については，当期末現在において現金預金等で回収されていないことになる。

　すると，前期末の売上債権残高と当期の売上高の全額が回収された場合の8,401,000千円から，当期末に未回収となっている1,103,000千円を控除した金額である「7,298,000千円」が当期において回収された金額であると計算され，これが営業収入となる（図3参照）。

図3　売上高と営業収入の関係

前期末売上債権	901,000	営業収入	7,298,000
売上高	7,500,000	(901,000＋7,500,000	
		－1,103,000)	
		期末売上債権	1,103,000
合計　8,401,000		合計　8,401,000	

　また，営業収入を求める算式は以下のように示される。

　　営業収入＝売上高＋前期末の売上債権－当期末の売上債権

　　　　　＝売上高－（当期末の売上債権－前期末の売上債権）

　　　　　　　　――売上債権の増加額――

　　　　　＝7,500,000千円－（1,103,000千円－901,000千円）

　　　　　＝7,298,000千円

　4．で説明する間接法では，この算式のうち「売上債権の増加額」である

－202,000千円（1,103,000千円－901,000千円）だけを用いることになる[8]。売上債権が前期と同額であれば，売上高＝営業収入となるが，売上債権が「前期より増額している」ならば，売上高より営業収入が少なかったことになり，「前期より減額している」ならば，売上高を上回る営業収入があったことになる。

(2)　法人税等の支払額の算定

　費用から支払額を求める最初の例として，法人税等の支払額を算定してみよう。損益計算書に計上されている法人税，住民税及び事業税の金額は133,200千円である。そして前期末の貸借対照表における未払法人税等の金額は50,000千円である。すると，これらを当期にすべて支払ったとすると133,200千円＋50,000千円＝183,200千円となる。

　しかし，当期末の貸借対照表にも未払法人税等が75,000千円計上されており，これは当期末現在において現金預金等で支出されていないことになる。

　つまり，前期末の未払法人税等残高と当期の法人税，住民税及び事業税等の全額が支出された場合の183,200千円から，当期末に未払となっている75,000千円を控除した金額である「108,200千円」が当期において支払った金額であると計算され，これが法人税等の支払額となる（図4）。

図4　法人税，住民税及び事業税と法人税等の支出額の関係

法人税等の支出額　　　108,200 （133,200＋50,000－75,000）	前期末未払法人税等　　　50,000
	法人税，住民税及び事業税 　　　　　　　　　　133,200
当期末未払法人税等　　75,000	
合計　183,200	合計　183,200

また，法人税等の支出額を求める算式は以下のように示される。

　　法人税等の支出額＝法人税，住民税及び事業税＋前期末の未払法人税等
　　　　　　　　　　　－当期末の未払法人税等
　　　　　　　　　　＝法人税，住民税及び事業税

$$+ (前期末の未払法人税等 - 当期末の未払法人税等)$$

——未払法人税等の減少額——

$$= 133,200千円 + (50,000千円 - 75,000千円)$$

$$= 108,200千円$$

(3) 人件費支出の算定

次に，人件費支出の額を算定してみよう。まず，販売費及び一般管理費の明細書に記載されている人件費の合計は900,000千円（役員報酬55,000千円＋給料手当704,000千円＋退職給付費用83,000千円＋法定福利費58,000千円）である。

ここで貸借対照表の流動負債を見ると，賞与引当金が14,000千円（当期末98,000千円 − 前期末84,000千円）増加している。すると給料手当704,000千円のうち，14,000千円は賞与引当金の増加によるものであるから，これは支出していないことになる[9]。

同様に固定負債を見ると，退職給付引当金が63,000千円（当期末240,000千円 − 前期末177,000千円）増加している。すると退職給付費用83,000千円のうち，63,000千円は退職給付引当金の増加によるものであるから，これも支出していないことになる[10]。

賞与引当金の増加によって生じた給与手当14,000千円及び退職給付引当金の増加によって生じた退職給付費用63,000千円を控除した人件費は823,000千円（900,000千円 − 14,000千円 − 63,000千円）となる。

そして前期末の貸借対照表における未払人件費（流動負債のその他）の金額は13,200千円である。すると，これらを当期にすべて支払ったとすると823,000千円 ＋ 13,200千円 ＝ 836,200千円となる。

しかし，当期末の貸借対照表にも未払人件費（流動負債のその他）が20,000千円計上されており，これは当期末現在において現金預金等で支出されていないことになる。

すると，前期末の未払人件費残高と，当期の人件費から賞与引当金及び退

職給付引当金の増加額を控除した額，を合計した金額である836,200千円から，当期末に未払となっている20,000千円を控除した金額である「816,200千円」が当期において支払った金額であると計算され，これが人件費支出となる（図5）。

図5　人件費と人件費支出の関係

人件費支出 （900,000＋13,200－ 　14,000－63,000－20,000）	816,200	前期末未払人件費	13,200
		人件費	900,000
		（役員報酬	55,000
賞与引当金増加額	14,000	＋給与手当	704,000
退職給付引当金増加額	63,000	＋退職給付費用	83,000
当期末未払人件費	20,000	＋法定福利費	58,000）
合計	913,200	合計	913,200

また，人件費支出の額を求める算式は以下のように示される。

人件費支出の額＝人件費の集計額－賞与引当金の増加額

－退職給付引当金の増加額

＋（前期末の未払人件費－当期末の未払人件費）

──未払人件費の減少額──

＝900,000千円－14,000千円－63,000千円

＋（13,200千円－20,000千円）

＝816,200千円

　4．で説明する間接法では，この算式のうち，賞与引当金の増加額14,000千円，退職給付引当金の増加額63,000千円，未払人件費の減少額（「その他流動負債の減少額」）6,800千円[11]，を用いることになる。

(4)　商品の仕入支出の算定

　商品の仕入支出については，次のように2段階で算定する必要がある。

　①　「売上原価」から「当期商品仕入高」を算定する

　損益計算書に費用として示されているのは「売上原価」であり，「当期商

品仕入高」ではない。そこで「商品の仕入支出」を算定するためには，まず，「当期商品仕入高」を算定しなければならない。ここで売上原価，当期商品仕入高，商品の関係は以下のように示される（図6）。

図6　売上原価と当期商品仕入高の関係

前期末商品	800,000	売上原価	5,250,000
当期商品仕入高	5,575,000		
(5,250,000＋1,125,000		当期末商品	1,125,000
－800,000)			
合計	6,375,000	合計	6,375,000

　つまり，当期首の在庫である前期末商品に当期商品仕入高を加算した額が，当期に販売可能であった在庫金額の合計額であり，そこから当期末の在庫である当期末商品を控除すれば，売上によって払い出された（紛失等がないものとして）商品の原価である売上原価が算定される。これを計算式で示すと以下のようになる。

　　前期末商品＋当期商品仕入高－当期末商品＝売上原価

　すると，売上原価から当期商品仕入高を求めるには，以下のような計算式となる。

　　当期商品仕入高＝売上原価－前期末商品＋当期末商品

　　　　　　　　　＝売上原価－（前期末商品－当期末商品）

　　　　　　　　　　　　──棚卸資産（ここでは商品）の減少額[12]──

　　　　　　　　　＝5,250,000千円－（800,000千円－1,125,000千円）

　　　　　　　　　＝5,575,000千円

　②　「当期商品仕入高」から「商品の仕入支出」を算定する[13]

　「当期商品仕入高」から「商品の仕入支出」を算定するのは，(2)法人税等の支出額と同様に行われる。つまり，前期末仕入債務1,200,000千円（支払手形200,000千円＋買掛金1,000,000千円）に当期商品仕入高5,575,000千円を加算した6,775,000千円は当期に仕入関係金額を全額支払った場合の金額

であるが，当期末にも仕入債務1,425,000千円（支払手形225,000千円＋買掛金1,200,000千円）が残っているため，その差額である「5,350,000千円」が当期における商品の仕入支出となる（図7）。

図7　当期商品仕入高と仕入支出の関係

商品の仕入支出　　5,350,000 (1,200,000＋5,575,000 　　　　　－1,425,000) 当期末仕入債務　　1,425,000	前期末仕入債務　　1,200,000 当期商品仕入高　　5,575,000
合計　6,775,000	合計　6,775,000

当期商品仕入高から商品の仕入支出を求めるには，以下のような計算式となる。

$$商品の仕入支出＝当期商品仕入高$$
$$＋前期末仕入債務－当期末仕入債務$$
$$＝当期商品仕入高＋（前期末仕入債務－当期末仕入債務）$$
$$——仕入債務の減少額——$$
$$＝5,575,000千円＋（1,200,000千円－1,425,000千円）$$
$$＝5,350,000千円$$

4．で説明する間接法では，①と②の算式のうち，「棚卸資産の減少額」である－325,000千円，「仕入債務の減少額」である225,000千円を用いることになる。

(5)　その他の営業支出の算定

損益計算書に計上されている販売費及び一般管理費の合計は1,762,500千円であり，このうちすでに(3)において人件費900,000千円は計算済みであるため，それを控除すると人件費以外の販売費及び一般管理費は862,500千円となる。ここから資金支出を伴わない貸倒引当金繰入額2,000千円及び減価償却費65,000千円を控除すると，795,500千円となる。

さらに，販売費及び一般管理費の前払となっている流動資産その他の前期

末残高52,000千円[14]を減算し，営業関係で未払となっている未払消費税の前期末残高13,800千円[15]を加算した757,300千円が，当期にその他販売費及び一般管理費関係金額を全額支払った場合の金額である。

　そして当期末にも流動資産その他62,800千円があるため，これを支出として加算し，また，未払消費税等は15,000千円残高があるため，それを支出から減算すると，「805,100千円」が当期におけるその他営業支出として求められる（図8）。

図8　その他販売費及び一般管理費とその他営業支出の関係

前期末未払消費税等　　13,800	前期末その他流動資産　52,000
その他販売費及び一般管理費 　　　　　　　　862,500 （1,762,500－人件費900,000）	減価償却費　　　　　　65,000
	貸倒引当金繰入額　　　　2,000
	その他営業支出　　　805,100 （13,800－52,000＋862,500 　－65,000－2,000＋62,800 　－15,000）
当期末その他流動資産　62,800	当期末未払消費税等　　15,000
合計　939,100	合計　939,100

　この例において，その他販売費及び一般管理費からその他営業支出を算定する計算式は以下のとおりとなる。

　　その他営業支出＝その他販売費及び一般管理費－減価償却費－貸倒引当
　　　　　　　　　　金繰入額－前期末その他流動資産＋当期末その他流動
　　　　　　　　　　資産＋前期末未払消費税等－当期末未払消費税等
　　　　　　　　　＝その他販売費及び一般管理費
　　　　　　　　　　－減価償却費－貸倒引当金繰入額
　　　　　　　　　　－（前期末その他流動資産－当期末その他流動資産）
　　　　　　　　　　　　——その他流動資産の減少額——

$$+（前期末未払消費税等－当期末未払消費税等）$$

——未払消費税等の減少額——

$$=862,500千円－65,000千円－2,000千円－（52,000千円$$

$$-62,800千円）＋（13,800千円－15,000千円）$$

$$=805,100千円$$

　4.で説明する間接法では，「その他流動資産の減少額」－10,800千円，「未払消費税等の減少額」1,200千円を用いることになる[16]。

(6)　損害賠償金の支払額

　損害賠償金については，特に前払や未払が貸借対照表に計上されていないため，損益計算書における計上額90,000千円が支出されたと考える。

(7)　直接法による「営業活動によるキャッシュ・フロー」の例

　以上の計算結果をもとに，直接法によった場合の「営業活動によるキャッシュ・フロー」の記載を示すと，以下のようになる[17]。

A社　営業活動によるキャッシュ・フロー（直接法）		
営業収入	7,298,000	(1)より
商品の仕入支出	－5,350,000	(4)より
人件費支出	－816,200	(3)より
その他の営業支出	－805,100	(5)より
小計	326,700	
損害賠償金の支払額	－90,000	(6)より
法人税等の支払額	－108,200	(2)より
営業活動によるキャッシュ・フロー	128,500	

4．間接法による「営業活動によるキャッシュ・フロー」の作成

　「営業活動によるキャッシュ・フロー」を間接法によって作成する場合には，直接法と異なり，個々の収益・費用から収入・支出を求めるのではなく，

基本的には，全体の収益と費用の差額である「税引前当期純利益」に，貸借
対照表の前期末及び当期末の数値を加算・減算して，純額として増加（もし
くは減少）したキャッシュ・フローの金額を算定する。つまり，利益概念は
収益と費用が相殺されているため，直接法において用いた計算式のうち，収
益及び費用の部分を除外して，純額のキャッシュ・フローを算定することに
なる。ただし，2.(1)②で解説したように，税引前当期純利益から営業利益
を算定する過程も含まれる（図3参照）。

図3　間接法の考え方　（（　）は以下の解説番号である）

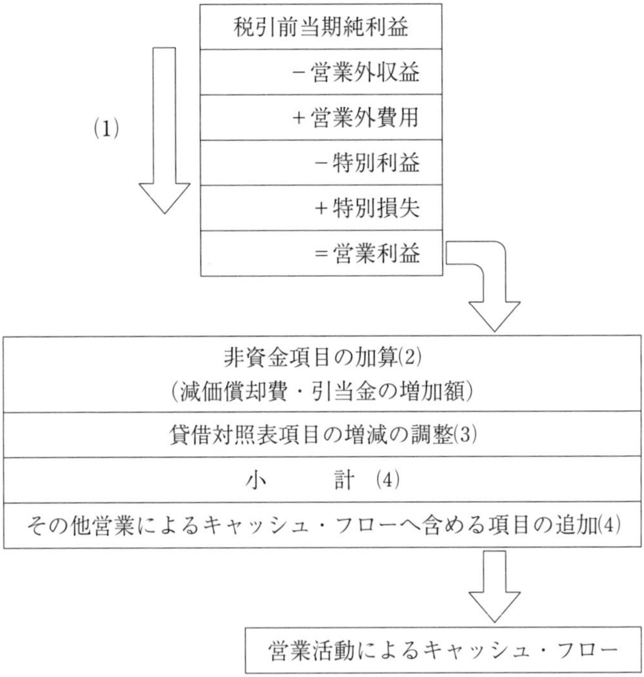

　以下，A社について「営業活動によるキャッシュ・フロー」の表を，直接
法によって作成してみよう。

(1)　税引前当期純利益から営業利益を算定する過程

　記載例ではこの過程は(2)非資金項目の加算の後に記載されているが，本書

では税引前当期純利益とこれらの関係を明らかにするため，先に説明することにする。

　税引前当期純利益は営業利益に営業外損益を加減し，特別損益を加減することによって算定されている。間接法では税引前当期純利益（400,000千円）より記載を始めるので，これらの加減算を逆にすることによって，営業利益（487,500千円）は求められる。この過程を示すと以下のようになる。

税引前当期純利益	400,000	
受取利息及び配当金	−6,000	}（営業外収益）
有価証券売却益	−4,000	
支払利息	17,500	（営業外費用）
固定資産売却益	−10,000	（特別利益）
損害賠償損失	90,000	（特別損失）
（営業利益	487,500）	

　ただし，実際のキャッシュ・フロー計算書ではこの営業利益は表示されない。

⑵　非資金項目の加算

　直接法の説明⑶で記載した，賞与引当金の増加額14,000千円，退職給付引当金の増加額63,000千円，同⑸で記載した減価償却費65,000千円，貸倒引当金の増加額2,000千円をキャッシュ・フローの増加として加算する。これらは会計上の費用であるが，支出を伴うものではないからである。これも一覧で示すと以下のようになる。

減価償却費	65,000
貸倒引当金の増加額	2,000
退職給付引当金の増加額	63,000
賞与引当金の増加額	14,000

(3)　貸借対照表項目の増減の調整

　ここで，直接法で説明した貸借対照表項目の増減を記載する。直接法と異なり，間接法において収益・費用の金額を記載しないのは，もともと収益と費用が相殺された利益が最初に記載されているためである。

売上債権の増加額	−202,000	（直接法(1)）
その他流動負債の減少額	6,800	（直接法(3)）
棚卸資産の減少額	−325,000	（直接法(4)）
仕入債務の減少額	225,000	（直接法(4)）
その他流動資産の減少額	−10,800	（直接法(5)）
未払消費税等の減少額	1,200	（直接法(5)）

(4)　小計，及びその他営業活動によるキャッシュ・フローに含める項目の追加

　これまでの項目を加減算した「小計」の金額は326,700千円となり，当然に直接法と一致する。また，キャッシュ・フローに含められる損害賠償金の支払額，法人税等の支払額は直接法によった場合と同じである。

(5)　間接法による「営業活動によるキャッシュ・フロー」の例

　以上の計算結果をもとに，間接法によった場合の「営業活動によるキャッシュ・フロー」の記載を示すと，以下のようになる[18]。

A社　営業活動によるキャッシュ・フロー（間接法）	
税引前当期純利益	400,000
減価償却費	65,000
貸倒引当金の増加額	2,000
退職給付引当金の増加額	63,000
賞与引当金の増加額	14,000
受取利息及び受取配当金	−6,000
有価証券売却益	−4,000

支払利息	17,500
固定資産売却益	−10,000
損害賠償損失	90,000
売上債権の増加額	−202,000
その他流動負債の減少額	6,800
棚卸資産の減少額	−325,000
仕入債務の減少額	225,000
その他流動資産の減少額	−10,800
未払消費税等の減少額	1,200
小　計	326,700
損害賠償金の支払額	−90,000　（直接法(6)）
法人税等の支払額	−108,200　（直接法(2)）
営業活動によるキャッシュ・フロー	128,500

5.「投資活動によるキャッシュ・フロー」の作成

　A社における，投資活動によるキャッシュ・フローは，以下のように示され，それぞれについて説明をしていく[19]。

有価証券の売却による収入	24,000	（1）
有形固定資産の取得による支出	−243,500	（2）
有形固定資産の売却による収入	40,000	（3）
無形固定資産の取得による支出	−6,500	（4）
利息および配当金の受取額	6,000	（5）
投資活動によるキャッシュ・フロー	−180,000	

(1) 有価証券の売却による収入

　有価証券の減少は20,000千円であるが，損益計算書に有価証券売却益4,000千円が計上されているので，売却による収入は24,000千円となる。

(2) 有形固定資産の取得による支出

有形固定資産の増加原因及び金額から取得の243,500千円を記載する。

(3) 有形固定資産の売却による支出

有形固定資産の減少原因及び金額にある売却30,000千円と，損益計算書に計上されている固定資産売却益10,000千円の合計である40,000千円が記載される。

(4) 無形固定資産の取得による支出

無形固定資産の増加原因及び金額から取得の6,500千円を記載する。

(5) 利息および配当金の受取額

損益計算書に計上されている受取利息及び配当金6,000千円を記載する。

6．「財務活動によるキャッシュ・フロー」の作成

A社における，財務活動によるキャッシュ・フローは，以下のように示され[20]，それぞれについて説明をしていく。

短期借入による収入	303,000	(1)
短期借入の返済による支出	−114,000	(2)
長期借入による収入	52,000	(3)
利息の支払額	−17,500	(4)
配当金の支払額	−62,800	(5)
財務活動によるキャッシュ・フロー	160,700	

(1) 短期借入による収入

短期借入金の増加原因及び金額から借入の303,000千円を記載する。

⑵　短期借入の返済による支出

短期借入金の減少要因及び金額から返済の114,000千円を記載する。

⑶　長期借入による収入

長期借入金の増加原因及び金額から借入の52,000千円を記載する。

⑷　利息の支払額

損益計算書の支払利息の金額17,500千円を記載する。

⑸　配当金の支払額

第2章3 .⑶で計算した62,800千円を記載する。

7．「現金及び現金同等物」の作成

Ⅳ	現金及び現金同等物の増加額	109,200
Ⅴ	現金及び現金同等物の期首残高	600,000
Ⅵ	現金及び現金同等物の期末残高	709,200

「営業活動によるキャッシュ・フロー」である128,500千円，「投資活動によるキャッシュ・フロー」である−180,000千円，及び「財務活動によるキャッシュ・フロー」である160,700千円を合計し（109,200千円），前期末の現金及び預金の金額600,000千円（B/S）を加算すると，当期末の現金及び預金の金額709,200千円（B/S）と一致する。すなわち，これでキャッシュ・フロー全体が説明されたことになる。

8．キャッシュ・フローに関する経営分析比率

キャッシュ・フローに関する経営分析比率には以下のようなものがある。

(1) 債務償還年数（年）

> 有利子負債÷営業活動によるキャッシュ・フロー

A社　（303,000千円＋200,000千円）÷128,500千円≒3.91年

　営業キャッシュ・フローによって，利息が生ずる負債（借入金・社債等）を返済するとした場合に何年を要するかというものである。A社の場合は有利子負債として短期及び長期の借入金を用いている。ただし，A社の場合，損害賠償金の支払90,000千円が存在し，これを通常の営業活動によるキャッシュ・フローには影響させないと考えるならば，以下のような計算になる。

A社　（303,000千円＋200,000千円）÷（128,500千円＋90,000千円）≒2.30年

　いずれにせよA社の場合には4年もしくは3年以内に営業キャッシュ・フローで有利子負債を返済できることになり，過度な借入負担となっていないと考えられる。

(2) インタレスト・カバーレッジ・レシオ（Interest Coverage Ratio）

> 営業活動によるキャッシュ・フロー÷支払利息(倍)

A社　128,500千円÷17,500千円≒7.34倍

　営業活動によるキャッシュ・フローが支払利息割引料の何倍あるかを示すもので，この比率が高いほど金利負担能力，すなわち借入余力があることになる。もっとも，借入金の調達金利が市場全体で低い場合には，多くの企業においてこの倍率は高くなるが，金利水準が高い場合には，企業間格差が大きくなってくる。またこの倍率が低くなるほど，企業の財務安定性が不十分であるともいえる。これも(1)と同様に，損害賠償金の支払を特別な支出と考えるのであれば，以下のような計算となる。

A社　（128,500千円＋90,000千円）÷17,500千円≒12.48倍

注

1　平成10年3月13日　企業会計審議会。

2　財務諸表等の用語，様式及び作成方法に関する規則1条。

3　本章では「現金及び現金同等物」の範囲に含まれるものとして貸借対照表上の流動資産に記載されている現金預金のみを扱っているため，一致している。「連結キャッシュ・フローの作成に関する実務指針（会計制度委員会報告第8号　平成10年6月8日　日本公認会計士協会）」2 .(2)では，「なお，現金同等物として具体的に何を含めるかについては，各企業の資金管理活動により異なることが予想されるため，経営者の判断に委ねることが適当と考えられている。したがって，資金の範囲に含めた現金及び現金同等物の内容に関しては会計方針として記載するとともに，その期末残高と貸借対照表上の科目別残高との関連について調整が必要な場合は，その調整を注記する。」としている。

4　キャッシュ・フロー計算書作成基準注解（注3）。

5　キャッシュ・フロー計算書作成基準では連結財務諸表について様式を記載しているが，本書では個別財務諸表における様式を記載している。

6　間接法によるキャッシュ・フロー計算書を「営業利益」から記載するならば，この2）の区分は不要となる。ただし，営業利益区分の表示は IFRS では強制されてはいない（第2章　注8）。そこで税引前当期純利益から計算されるこの様式がとられていると考えられる。

7　本書においては，消費税及び地方消費税についてのキャッシュ・フロー上の扱いについては解説していないが，「連結財務諸表等におけるキャッシュ・フロー計算書の作成に関する実務指針」（日本公認会計士協会　平成23年1月12日）36. では，キャッシュ・フロー計算書における消費税及び地方消費税（以下「消費税等」）の表示方法として，以下の3つの方法が記載されている。

①課税対象取引に係るキャッシュ・フローを消費税等込みの金額で表示する方法

②課税対象取引に係るキャッシュ・フローを消費税等抜きの金額で表示する方法

③消費税等抜きの資産・負債の増加額若しくは減少額に，又は収益若しくは費用の額に，これらに関連する消費税込みの債権・債務の期中増減額を調整して，各表示区分の主要な取引ごとのキャッシュ・フローを表示する方法

　なお，消費税等の取扱いについては，「消費税等の申告による納付又は還付に係るキャッシュ・フローは，課税取引に関連付けて区分することが実務的に困難なため，「法人税等の支払額」と同様に「営業活動によるキャッシュ・フロー」の区分に消費税等支払額（還付額）又は未払（未収）消費税等の増減額として記載する。」とされている。実務上は間接法の採用が多いので，間接法を前提とすると，「営業活動によるキャッシュ・フロー」に「未払消費税等の増減額」又は「未収還付消費税等の増減額」という科目で表示される。

8　このような貸借対照表項目の増減額は，キャッシュ・フローに対して減額する前提で考えられている。つまり「売上高−売上債権の増加額」であるから，前期より売上債権が増加している場合には，売上より営業収入が少なかったことになり，逆の場合には営業収入が売上高を上回ることになる。

9　賞与引当金は，前期分84,000千円は支払われたが，当期分98,000千円を給与手当に計上することによって，差額である14,000千円が増加されたと考える。

10　退職給付引当金は，当期増加分65,000千円を退職給付費用に計上することによって，同額が増

加されたと考える。

11 「その他流動負債の減少額」であるから，前期より当期の負債が少なければ，費用額より支出額が多くなり，逆であれば費用額が支出額を上回っていることになる。

12 「−棚卸資産の減少額」であるから，期首在庫より期末在庫が多ければ，在庫が増加していることになり，売上原価を上回る当期商品仕入高が生じていることになる。逆の場合には，在庫が減少しているので，当期商品仕入高は売上原価より少ないことになる。

13 仕入支出の算定についても実務上は消費税等の配慮が必要であるが，ここではそれを行っていない。

14 前払費用は，前期末においては支出が行われているため，それが当期に費用処理されても当期中に支出は行われていないので，当期のキャッシュ・フローを計算するに当たっては，費用から控除する。反対に，当期末において計上された前払費用は，支出が当期に行われているが費用として処理されていないので，キャッシュ・フローを算定するに当たっては加算する。

15 前期末の未払消費税等は，前期末に顧客から消費税を預かっており，納税は当期になるため，当期のキャッシュ・フローを計算するに当たっては加算する。ただし，当期末の未払消費税等は，未だ納税していないため，当期のキャッシュ・フローを計算するに当たっては加算する。

16 減価償却費及び貸倒引当金繰入額は非支出項目として，キャッシュ・フローから減算される。

17 なお，受取利息，受取配当金及び支払利息を「営業活動によるキャッシュ・フロー」の区分に記載する場合には，小計以下は次のようになる。

小　　計	326,700
利息及び配当金の受取額	6,000
利息の支払額	−17,500
損害賠償金の支払額	−90,000
法人税等の支払額	−108,200
営業活動によるキャッシュ・フロー	117,000

18 直接法と間接法の違いは小計までであるから，上記17の記載も同様となる。

19 なお，受取利息，受取配当金及び支払利息を「営業活動によるキャッシュ・フロー」の区分に記載した場合には次のようになる。

有価証券の売却による収入	24,000
有形固定資産の取得による支出	−243,500
有形固定資産の売却による収入	40,000
無形固定資産の取得による支出	−6,500
投資活動によるキャッシュ・フロー	−186,000

20 なお，受取利息，受取配当金及び支払利息を「営業活動によるキャッシュ・フロー」の区分に記載した場合には次のようになる。

短期借入による収入	303,000
短期借入の返済による支出	−114,000
長期借入による収入	52,000
配当金の支払額	−62,800
財務活動によるキャッシュ・フロー	178,200

第8章　管理会計の基礎概念

　第8章及び第9章は，財務会計とは異なる管理会計の内容について概説し，第10章においては管理会計のうち，情報提供の技術のひとつである意思決定会計について概説する。

1．財務会計と管理会計

　会計は大きく財務会計と管理会計に区別される[1]。

　財務会計とは，経営活動に基づく企業資金（資産，負債，純資産）の循環過程（流れ）を貨幣価値（金額，日本では円）でとらえ，それを計算記録（帳簿を作成）し，営業成績と財政状態を明らかにする財務諸表（損益計算書及び貸借対照表）を作成して，出資者をはじめとする外部の利害関係者[2]に報告することを主目的とする会計であり，外部報告会計ともよばれる。財務会計は外部報告のため，その方法及び様式は法令等に従って毎期規則的に行わなければならず，このことから制度会計といわれる。

　一方，管理会計とは企業の経営計画を作成し，またその計画に基づいて経営活動を管理統制するために役立つ経済的情報を，企業内部の経営者・管理者に提供することを目的とする会計であり，内部報告会計ともよばれる。管

項　　目	財務会計	管理会計
報　告　先	企業外部の利害関係者	企業内部の経営管理者
目　　　的	財政状態及び経営成績の報告	経営管理者に役立つ経済的情報の報告
法令等への準拠	あり	なし
臨時的な情報の提供	原則的になし[3]	あり

理会計はその報告が企業内部のため，その方法及び様式は企業の自由であり，かつ毎期規則的な報告のみならず臨時的な情報をも提供するものである[4]。

2．管理会計と財務管理

　「管理」とは，計画を作成して，実績がそれに合うように統制（コントロール）することであるといえる。一方，「財務」とは企業経営における資金の調達（負債・純資産）と運用（資産・収益・費用）を行う活動である。つまり財務管理とは，企業の資産・負債・純資産及び収益・費用の増減を及ぼす活動について，計画を作成して統制することである。

　一方，管理会計が扱う情報は，基本的には資産・負債・純資産・収益・費用についての情報である。よって管理会計が提供する情報と財務管理に必要な情報は同じであることになり，管理会計は財務管理に必要な情報を提供する会計であるともいえる。

3．管理会計の必要性と内容

(1)　管理会計の必要性

　企業活動は経営者によって当然に管理されなければならず，そのためには計画を作成しこれを統制することになる。適正な経営計画作成のための会計データとしては，過去の実績値や将来の適正な見積数値が必要となる。一方，その統制にあたっては，計画値と実績値の差異（差額）の把握に始まり，その差異が生じた原因及びそれを解消する方法について分析・検討しなければならず，そのための会計データが必要となる。ここに管理会計の必要性がある。

(2)　管理会計の内容

　管理会計は管理すなわち計画の作成とその統制に必要となる会計データを経営管理者に報告する会計であり，経営計画の作成・修正に必要な会計データ及び実績と計画の比較データ，実績の分析データからなると考えられる。

これらは経常的・定型的な会計データと臨時的・非定型的な会計データに分かれる。

1）経常的・定型的な会計データ
- ・中期計画や短期計画及び予算の作成のためのデータ
- ・計画もしくは予算と実績の比較データ
- ・計画もしくは予算と実績の差異分析データ
- ・経常的に行われる経営分析データ（自社・同業他社など）

2）臨時的・非定型的な会計データ
- ・設備投資計画の経済性計算
- ・価格決定計算
- ・長期計画作成のための会計データ
- ・非経常的に行われる経営分析データ（異業種との比較，新規参入予定業種との比較など）
- ・自社及び他社の企業価値データ

4．管理会計のための諸条件の整備

企業に有効な管理会計体制が存在するためには，一般的に次のような諸条件が必要とされる。

⑴　最高経営者・管理者・一般従業員の理解と協力

管理会計が有効に機能するためには，最高経営責任者（CEO：Chief Executive officer，例えば代表取締役）・管理者（例えば部長及び課長）・一般従業員がその必要性を理解し，その実施について協力を得ることが必要となる。このためには最高経営責任者・管理者・一般従業員のそれぞれについてその職務に応じた管理会計に関するスキルアップが要請され，研修会等によってその必要性を十分に認識してもらう必要がある。

⑵　人間関係の円滑良好化

　管理会計において必要なデータの収集・分析・評価についてはそれらにかかわる担当者の人間関係が円滑で且つ良好である必要がある。さもなければ必要なデータを集めることができないばかりか，評価がゆがめられる虞もあり，結果的に管理の失敗を招くことにもなる。

⑶　経営管理組織の整備

　管理会計を有効なものとするためには，各管理者が負う数値責任の範囲を全社にわたって明確化し，かつそれが管理者の階層ごとに定められなければならない。このためには，①職務分掌を明確化（職務分掌規程の整備）し，②各管理者の権限を明確化，委譲（職務権限規程の整備，稟議制度の採用等）し，そして全体の意見を計画・予算に反映させるため，③必要に応じたプロジェクトチームを編成，する必要がある。

⑷　管理会計システムの整備

　管理会計を有効なものとするためには，3.に述べた職務分掌もしくは権限ごとに，計画値と実績値が集計される必要がある。またこれらの集計は事業別や所在地別（店舗，工場等）に再集計できることも必要である。このためには必要にして十分な管理会計システム（ハードウェア，ソフトウェア及びそれらの運用）が整備されている事が重要である。一方財務会計においても，特に「固定資産に係る減損会計」では原則として管理会計のデータを基礎としてその適用が判断されるため，有用な管理会計システムの導入は不可避となっている。

5．内部統制（Internal Control）

　以上のような管理会計の諸条件が整備されているということは，有効な「内部統制」が整備されているということでもある。ここで，「財務報告に係る内部統制の評価及び監査の基準（以下，本章では「内部統制基準」とい

う）」[5]では，それについて次のように示されている。

(1)　内部統制の意義（内部統制基準 I 1）

内部統制とは，以下の4つの目的が達成されているとの合理的な保証を得るために，業務に組み込まれ，組織内のすべての者によって遂行されるプロセスをいう。

①　業務の有効性，効率性

事業活動の目標の達成のため，業務の有効性及び効率性を高めること。

②　財務報告の信頼性

開示する財務諸表と財務諸表に重要な影響を及ぼす可能性が有る情報について，その信頼性を担保すること。

③　法令遵守

事業活動に関わる法令や会計基準もしくは規範，各社の倫理綱領やガイドラインを順守させること。

④　資産の保全

会社の資産（有形無形，人的資源も含む）の取得やその使用，処分が正当な手続きや承認のもとで適切に行われるように資産の保全を図ること。

(2)　内部統制の基本的な要素

内部統制の基本的要素とは，内部統制の目的を達成するために必要とされる内部統制の構成部分をいい，内部統制の有効性の判断の規準となる（内部統制基準 I 2），とされている。

①　統制環境

統制環境とは，組織の気風を決定し，統制に対する組織内のすべての者の意識に影響を与えるとともに，他の基本的要素の基礎をなし，リスクの評価と対応，統制活動，情報と伝達，モニタリング及び IT への対応に及ぼす基盤をいう。

②　リスクの評価と対応

　リスクの評価とは，組織目標の達成に影響を与える事象のうち，組織目標の達成を阻害する要因をリスクとして識別，分析及び評価するプロセスをいう。

　リスクへの対応とは，リスクの評価を受けて，当該リスクへの適切な対応を選択するプロセスをいう。

③　統制活動

　統制活動とは，経営者の命令及び指示が適切に実行されることを確保するために定められる方針及び手続きをいう。

④　情報と伝達

　情報と伝達とは，必要な情報が識別，把握及び処理され，組織内外及び関係者相互に正しく伝えられることを確保することをいう。

⑤　モニタリング

　モニタリングとは，内部統制が有効に機能していることを継続的に評価するプロセスをいう。

⑥　IT への対応

　IT への対応とは，組織目標を達成するために予め適切な方針及び手続きを定め，それを踏まえて，業務の実施において組織の内外の IT に対し，適切に対応することをいう。

注

1　[広瀬義州 2015] 6 頁によれば，「財務報告が内部報告の延長として捉えられるとともに，財務報告の目的が企業価値評価を視野に入れ，広義になるとともに，IFRS でもキャッシュ・フローの創造・向上プロセスを把握できるような活動別の財務諸表が検討されていることもあり，従来ほど財務会計と管理会計とが区別される意義が薄れてきている。」としている。

2　利害関係者は，「ステークホルダー」ともいわれ，[落合誠一 2016] 23〜25頁では，団体企業におけるステークホルダーの利害状況として，所有者（株式会社であれば株主），債権者，従業員，経営者について述べている。また，特に上場会社における所有者及び債権者については，未だ当該企業の株式や社債を所有していないが，投資を検討している「潜在的投資家」も利害関係者に含まれると考える。

3　金融商品取引法24条の 5 第 4 項では，「有価証券報告書を提出しなければならない会社は，その会社が発行者である有価証券の募集又は売出しが外国において行われるとき，その他公益又は投資者保護のため必要かつ適当なものとして内閣府令で定める場合に該当することとなったときは，内閣府令で定めるところにより，その内容を記載した報告書（以下「臨時報告書」という。）を，遅滞なく，内閣総理大臣に提出しなければならない。」とされており，企業内容等の開示に関する内閣府令19条にその該当する場合が示されている。

4　［櫻井通晴 2019］11頁では，「管理会計（management accounting, managerial accounting）では，戦略の策定，戦略を策定し，経営意思決定とマネジメント・コントロール，および業務活動のコントロールを通じて経営者を支援する。」とされている。

5　企業会計審議会　平成23年 3 月30日　改訂。

第9章 経営計画と予算

管理とは計画を作成し，それを統制することである。本章では経営計画及び予算の概要について述べることとする。統制についてはまず計画値と実績値の差異を把握することが行われるが，この実績値は基本的には財務会計のデータから受け入れることになる。また計画と実績の差異分析においては5.に述べる方法のほか，経営分析の手法も用いられる。

1．経営計画

(1) 経営計画の意義

経営計画とは，計画期間における経営上の達成目標を科学的に算定した数値である。企業が存続・成長するためには組織的・計画的な経営を行わなければならず，全社統一の経営計画を持ち，この達成に向けて業務を統制していかなければならない。

(2) 経営計画の種類

経営計画にはその計画期間の違いによって長期計画，中期計画，短期計画の3種がある。

	計画期間
長期計画	概ね5年程度
中期計画	3年間
短期計画	1年間

① 長期計画

長期計画とはおよそ向こう5年程度先の企業の状況を示すもので，企業

の達成可能な理想の姿を，他の計画と比較し簡略化して示すものである。ただし，大型の設備投資などはかなり詳細に見積もらなければならない。

② 中 期 計 画

中期計画とは，基本的に向こう3年間の経営計画を示したもので，計画期間がちょうど投資家の関心となる期間であることから，株式を上場している企業では特に重視される。中期計画では営業成績や設備投資等に関するより詳細な見積りが求められ，これに対して資金需要を見積もり，必要があれば大規模なファイナンス（借入，起債，増資等）も計画される。

③ 短 期 計 画

短期計画とは中期計画の内容を受けて単年度の計画を示したものである。短期計画はその達成が特に厳格に扱われる計画であり，そのためこれを「予算化」し，統制していく作業が一般に行われている。

(3) 単純な目標と計画の違い

「単純な目標」は政策的に設定された数値であり，「計画」は科学的に算定された数値であるという違いがあり，両者は使用目的が根本的に異なるものである。しかし，営業トップの売上増加に関する意識が過度に強く働いている企業では予算なくして目標だけというケースも多く，その結果，目標値と実績値の大幅な差異を生ぜしめ，これをあたかも計画値との差異のように扱ってしまうことがある。組織的経営を行う企業ではこのようなことはあってはならず，目標と計画の性格の違いを十分に留意して，使い分けるべきである。

2．予 算 制 度

(1) 予算制度の意義

短期経営計画は各部門に，その達成について責任を持たせて統制していくことが必要となる。短期経営計画を各部門に割り当てたものが予算であり，予算の作成からその統制までの一連の業務方式を予算制度という（ただし実

務上は「計画」を「予算」ということも多い)。

(2)　短期経営計画と予算の体系

短期経営計画及び予算の体系を図示すると，次のようになる。

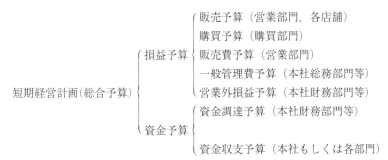

なお，一般的に予算は月次ベースで編成され，それを12か月合計し，かつ全社集計したものが短期経営計画と一致することになる。また予算はその統制の局面で数値責任の所在が明らかでなければならないので，さらに次のように細分化される。

①　全 社 予 算

　　損益予算……損益計算書項目

　　　　　　　　当期純利益までの全収益・費用項目

　　資金予算……キャッシュ・フロー計算書項目[1]

　　　　　　　　期首現金預金残高から，期中増減及び期末見込残高までの経緯

②　部門別予算

　　部門の設定……営業部門，各店舗，購買部門，総務部門，財務部門等

(3)　予算編成手続

予算編成は中期経営計画を踏まえた短期経営計画の作成から入るが，ここ

で短期経営計画及び予算の数値の作成の方法に次のふたつの考えがある。

トップダウン……経営管理者（役員レベル）から数値を予算編成担当者
に指示する方法。この方式だけでは達成目標の色彩が強
くなる。

ボトムアップ……担当者から予算編成担当者に数値を報告する方法。こ
の方式だけでは過去の実績の積み上げや，経営者の方針
に変化がないことを前提にした予想数値が多い。

トップダウンばかりでは達成不可能な予算を編成してしまう可能性があり，
ボトムアップのみでは，過去の実績と変化のない数値が作成される可能性や，
予算数値に経営管理者の方針が反映されない危険性がある。よって企業はト
ップダウンとボトムアップの繰返しにより短期経営計画及び予算を作成しな
ければならない[2]。

(4) 予算統制手続

予算は月単位に編成され，月次決算（3．参照）によって集計された部門
ごとの実績数値と比較し，「予算実績差異」が算定される。そして差異の原
因を分析し，その結果について必要があれば修正活動方針を定め，実績が予
算に近づくように活動を行うことを「予算統制」という。これを行うために
は，予算全体を管理している部門（総合管理部門，経理部門等）から予算実
績差異に関するデータを他の各部門に送付する。そして各部門は，どのよう
に差異の原因分析を行い，必要があった場合には，どのような修正活動が行

われたかということを，予算全体を管理している部門にフィードバックしなければならない。さらに，情勢の悪化や予期しえない事象が生じた場合に予算は一定の手続きを経て下方修正され，当初より業績が向上する場合には同様に上方修正される。

(5)　予算と財務会計

　以上のことから予算と財務会計は強い結びつきが必要であることがわかる。特に月次決算は予算制度の前提であり，正確さ及び迅速さがきわめて必要とされる。現代では財務会計・予算管理の両者において，その実行にシステムの利用は不可欠となるので，予算制度の導入や再検討と，システムの変更は併せて行われることになる。

3．月次決算

　予算統制が月単位で行われることにより，財務会計の結果も毎月報告される必要がある。そこで，月次決算が行われる。

(1)　月次決算の意義

　企業の会計期間は通常1年間であり，会社法において株主に報告する経営成績は1年間のものとなる。よって会社は最低限年一回の決算は行わなければならないが，会社の業績を予測し，これに備えるためには期の途中で決算を組むことが重要となる。そして会社の規模が大きくなるほど詳細な管理が重要になってくるので，決算も年の途中で厳密に行う必要がある。そこで多くの会社では毎月決算を行い，その結果を常勤役員会等で承認し，実績を把握すると共に今後の方向性を検討するようにしている。これを月次決算という。

(2)　月次決算のタイミング

　企業の月次決算は，月末以降できるだけ迅速に終了しなければならない。

148

基本的には月末後10日以内にその作業を終了し，予算実績差異の分析を1週間程度で終了し，通常は月末近くに開催される定時常勤役員会等にその報告ができるようにしなければならない。

(3) 月次決算と本決算の関係

月次決算は正確な月次損益の算定及び年度損益の予想のために，本決算に準ずる手続で行わなければならない。また役員会等の承認を得た後でのむやみな訂正は慎まれるべきで，でき得るだけ月次決算の合計＝年度決算となるように努めることが重要である。

4．経営計画の作成

ここでは損益計算書だけではなく，キャッシュ・フロー計算書も経営計画として位置付けた作成事例をあげてみよう。本例は，アントレプレナー（entrepreneur：起業家）向けに作成したものであるが，通常の企業においても考え方は同様である。

(1) 第1年度の経営計画
① 前 提 条 件
　・当初の資金は資本金として5,000,000円とする。
　・このうち300,000円は事務所の保証金として，1,200,000円は器具備品として支出する。器具備品の減価償却費は年間600,000円とし，毎月50,000円の償却費を計上する。
　・設立費用を400,000円見込む。
　・開業は平成×1年4月1日，一年決算とする。
　・物品販売業を営み，変動費はすべて売上原価で，変動費率は60％とする。
　・平成×1年6月より7月までは毎月2,000,000円，8月より11月までは毎月2,500,000円，12月より3月までは毎月3,000,000円の売上を見

込む。受注を取ってから商品を仕入れるので，在庫負担はない。

・販売代金は売上月の2か月後に入金し，仕入代金は仕入月の1か月後
に支払う。

・平成×年6月に公庫より5,000,000円の融資を受ける。返済予定表は
下記のとおりである。

借入金返済予定表 （単位：円）

	返済金額	(うち元金支払額)	(うち利息支払額)	借入残高
×1年6月30日				5,000,000
×1年7月31日	87,661	79,286	8,375	4,920,714
×1年8月31日	87,661	79,419	8,242	4,841,295
×1年9月30日	87,661	79,552	8,109	4,761,743
×1年10月31日	87,661	79,685	7,976	4,682,058
×1年11月30日	87,661	79,819	7,842	4,602,239
×1年12月31日	87,661	79,952	7,709	4,522,287
×2年1月31日	87,661	80,086	7,575	4,442,201
×2年2月28日	87,661	80,220	7,441	4,361,981
×2年3月31日	87,661	80,355	7,306	4,281,626
×2年4月30日	87,661	80,489	7,172	4,201,137
×2年5月31日	87,661	80,624	7,037	4,120,513
×2年6月30日	87,661	80,759	6,902	4,039,754
×2年7月31日	87,661	80,894	6,767	3,958,860
×2年8月31日	87,661	81,030	6,631	3,877,830
×2年9月30日	87,661	81,166	6,495	3,796,664
×2年10月31日	87,661	81,302	6,359	3,715,362
×2年11月30日	87,661	81,438	6,223	3,633,924
×2年12月31日	87,661	81,574	6,087	3,552,350
×3年1月31日	87,661	81,711	5,950	3,470,639
×3年2月28日	87,661	81,848	5,813	3,388,791
×3年3月31日	87,661	81,985	5,676	3,306,806

・法人税，住民税，事業税等として×2年3月に70,000円を計上するが，
支払いは×2年5月である。
・設立費用及び減価償却費以外の毎月の固定費は以下のとおりとする。

項　目	金額（円）
役員報酬	500,000
従業員給与	200,000
事務所賃借料	150,000
通信費	50,000
消耗品費	20,000
水道光熱費	15,000
旅費交通費	60,000
その他費用	30,000

② 経営計画表

月次損益計算書（第1年度） （単位：円）

	×1年4月	×1年5月	×1年6月	×1年7月	×1年8月	×1年9月	×1年10月
売上高	0	0	2,000,000	2,000,000	2,500,000	2,500,000	2,500,000
売上原価	0	0	1,200,000	1,200,000	1,500,000	1,500,000	1,500,000
売上総利益	0	0	800,000	800,000	1,000,000	1,000,000	1,000,000
販売費及び一般管理費	1,475,000	1,075,000	1,075,000	1,075,000	1,075,000	1,075,000	1,075,000
役員報酬	500,000	500,000	500,000	500,000	500,000	500,000	500,000
従業員給与	200,000	200,000	200,000	200,000	200,000	200,000	200,000
事務所賃借料	150,000	150,000	150,000	150,000	150,000	150,000	150,000
通信費	50,000	50,000	50,000	50,000	50,000	50,000	50,000
消耗品費	20,000	20,000	20,000	20,000	20,000	20,000	20,000
水道光熱費	15,000	15,000	15,000	15,000	15,000	15,000	15,000
旅費交通費	60,000	60,000	60,000	60,000	60,000	60,000	60,000
減価償却費	50,000	50,000	50,000	50,000	50,000	50,000	50,000
設立費用	400,000	0	0	0	0	0	0
その他費用	30,000	30,000	30,000	30,000	30,000	30,000	30,000
営業利益	-1,475,000	-1,075,000	-275,000	-275,000	-75,000	-75,000	-75,000
（営業利益累計）	-1,475,000	-2,550,000	-2,825,000	-3,100,000	-3,175,000	-3,250,000	-3,325,000
支払利息	0	0	0	8,375	8,242	8,109	7,976
経常利益	-1,475,000	-1,075,000	-275,000	-283,375	-83,242	-83,109	-82,976
法人税住民税及び事業税等	0	0	0	0	0	0	0
当期純利益	-1,475,000	-1,075,000	-275,000	-283,375	-83,242	-83,109	-82,976

	×1年11月	×1年12月	×2年1月	×2年2月	×2年3月	合 計
売上高	2,500,000	3,000,000	3,000,000	3,000,000	3,000,000	26,000,000
売上原価	1,500,000	1,800,000	1,800,000	1,800,000	1,800,000	15,600,000
売上総利益	1,000,000	1,200,000	1,200,000	1,200,000	1,200,000	10,400,000
販売費及び一般管理費	1,075,000	1,075,000	1,075,000	1,075,000	1,075,000	13,300,000
役員報酬	500,000	500,000	500,000	500,000	500,000	6,000,000
従業員給与	200,000	200,000	200,000	200,000	200,000	2,400,000
事務所賃借料	150,000	150,000	150,000	150,000	150,000	1,800,000
通信費	50,000	50,000	50,000	50,000	50,000	600,000
消耗品費	20,000	20,000	20,000	20,000	20,000	240,000
水道光熱費	15,000	15,000	15,000	15,000	15,000	180,000
旅費交通費	60,000	60,000	60,000	60,000	60,000	720,000
減価償却費	50,000	50,000	50,000	50,000	50,000	600,000
設立費用	0	0	0	0	0	400,000
その他費用	30,000	30,000	30,000	30,000	30,000	360,000
営業利益	-75,000	125,000	125,000	125,000	125,000	-2,900,000
（営業利益累計）	-3,400,000	-3,275,000	-3,150,000	-3,150,000	-2,900,000	
支払利息	7,842	7,709	7,575	7,441	7,306	70,575
経常利益	-82,842	117,291	117,425	117,559	117,694	-2,970,575
法人税住民税及び事業税等	0	0	0	0	70,000	70,000
当期純利益	-82,842	117,291	117,425	117,559	47,694	-3,040,575

月次キャッシュ・フロー計算書（第1年度）　（単位：円）

	×1年4月	×1年5月	×1年6月	×1年7月	×1年8月	×1年9月	×1年10月
営業活動によるキャッシュ・フロー	-1,425,000	-1,025,000	-1,025,000	-2,233,375	-233,242	-533,109	-32,976
営業収入	0	0	0	0	2,000,000	2,000,000	2,500,000
仕入支出	0	0	0	1,200,000	1,200,000	1,500,000	1,500,000
販売費及び一般管理費	1,475,000	1,075,000	1,075,000	1,075,000	1,075,000	1,075,000	1,075,000
減価償却費	50,000	50,000	50,000	50,000	50,000	50,000	50,000
利息の支払額	0	0	0	8,375	8,242	8,109	7,976
財務活動によるキャッシュ・フロー	0	0	5,000,000	-79,286	-79,419	-79,552	-79,685
借入金の借入	0	0	5,000,000	0	0	0	0
借入金の返済	0	0	0	79,286	79,419	79,552	79,685
投資活動によるキャッシュ・フロー	-1,500,000	0	0	0	0	0	0
保証金支出	300,000	0	0	0	0	0	0
器具備品購入	1,200,000	0	0	0	0	0	0
キャッシュ・フローの増減額	-2,925,000	-1,025,000	3,975,000	-2,312,661	-312,661	-612,661	-112,661
期首（月初）現金預金	5,000,000	2,075,000	1,050,000	5,025,000	2,712,339	2,399,678	1,787,017
期末（月末）現金預金	2,075,000	1,050,000	5,025,000	2,712,339	2,399,678	1,787,017	1,674,356

	×1年11月	×1年12月	×2年1月	×2年2月	×2年3月	合 計
営業活動によるキャッシュ・フロー	-32,842	-32,709	-332,575	167,559	167,694	-6,570,575
営業収入	2,500,000	2,500,000	2,500,000	3,000,000	3,000,000	20,000,000
仕入支出	1,500,000	1,500,000	1,800,000	1,800,000	1,800,000	13,800,000
販売費及び一般管理費	1,075,000	1,075,000	1,075,000	1,075,000	1,075,000	13,300,000
減価償却費	50,000	50,000	50,000	50,000	50,000	600,000
利息の支払額	7,842	7,709	7,575	7,441	7,306	70,575
財務活動によるキャッシュ・フロー	-79,819	-79,952	-80,086	-80,220	-80,355	4,281,626
借入金の借入	0	0	0	0	0	5,000,000
借入金の返済	79,819	79,952	80,086	80,220	80,355	718,374
投資活動によるキャッシュ・フロー	0	0	0	0	0	-1,500,000
保証金支出	0	0	0	0	0	300,000
器具備品購入	0	0	0	0	0	1,200,000
キャッシュ・フローの増減額	-112,661	-112,661	-412,661	87,339	87,339	-3,788,949
期首（月初）現金預金	1,674,356	1,561,695	1,449,034	1,036,373	1,123,712	5,000,000
期末（月末）現金預金	1,561,695	1,449,034	1,036,373	1,123,712	1,211,051	1,211,051

　毎月の営業活動によるキャッシュ・フローは以下の算式によって求められる。

（営業収入－仕入支出－販売費及び一般管理費＋減価償却費

　－利息の支払額）

③　第1年度の説明

　4月，5月は売上計上がないから当然として，さらに11月まで営業利益がマイナスの状態が続く。

　これは損益分岐点を算定してみれば明らかで，4月を除く通常月の固定費（販売費及び一般管理費）は1,075,000円であるから，これを限界利益率の40％で除すことにより求められる損益分岐点の売上高は月単位で2,687,500円となり，実際の売上高がこれを上回るのは12月からとなるからである。当然に，12月からは単月で営業利益を計上するようになり，損益的には採算が合う状態となる。

　キャッシュ・フローでは売上計上前の開業資金が多く支出されるため，当初資金の5,000,000円は6月でほとんどなくなり，借入を実行しなければならない。さらに営業収入（売上計上の2か月後）より仕入支出（仕入計上の1か月後）が先行するため，7月に大幅なキャッシュ・フローの減

少が生じる。営業活動によるキャッシュ・フロー及びキャッシュ・フローの増減額がプラスになるのは×2年2月からであり，営業利益の発生に比べて2か月遅れるのは，営業収入と仕入支出の期間の違い（回転差）から生ずるものである。

(2) **第2年度の経営計画**

① 前提条件

・物品販売業を営み，変動費はすべて売上原価で，変動費率は60％とする。

・×2年4月より毎月5,000,000円の売上を見込む。

・受注を取ってから商品を仕入れるので，在庫負担はない。

・販売代金は売上月の2か月後に入金し，仕入代金は仕入月の1か月後に支払う。

・5月末に銀行より2,000,000円を借入れ，12月に利息50,000円込みで，返済する。

・経常利益に前期の経常利益−2,970,575円を加算した金額について1,000円未満を切り捨てた後に，30％を乗じ，さらに70,000円を加算して法人税，住民税，及び事業税等を見積もる。

・毎月の固定費は以下のとおりとする。

項　目	金額（円）
役員報酬	500,000
従業員給与	500,000
事務所賃借料	150,000
通信費	70,000
消耗品費	40,000
水道光熱費	20,000
旅費交通費	90,000
減価償却費	25,000
その他費用	50,000

② 経営計画表

月次損益計算書（第2年度） （単位：円）

	×2年4月	×2年5月	×2年6月	×2年7月	×2年8月	×2年9月	×2年10月
売上高	5,000,000	5,000,000	5,000,000	5,000,000	5,000,000	5,000,000	5,000,000
売上原価	3,000,000	3,000,000	3,000,000	3,000,000	3,000,000	3,000,000	3,000,000
売上総利益	2,000,000	2,000,000	2,000,000	2,000,000	2,000,000	2,000,000	2,000,000
販売費及び一般管理費	1,445,000	1,445,000	1,445,000	1,445,000	1,445,000	1,445,000	1,445,000
役員報酬	500,000	500,000	500,000	500,000	500,000	500,000	500,000
従業員給与	500,000	500,000	500,000	500,000	500,000	500,000	500,000
事務所賃借料	150,000	150,000	150,000	150,000	150,000	150,000	150,000
通信費	70,000	70,000	70,000	70,000	70,000	70,000	70,000
消耗品費	40,000	40,000	40,000	40,000	40,000	40,000	40,000
水道光熱費	20,000	20,000	20,000	20,000	20,000	20,000	20,000
旅費交通費	90,000	90,000	90,000	90,000	90,000	90,000	90,000
減価償却費	25,000	25,000	25,000	25,000	25,000	25,000	25,000
その他費用	50,000	50,000	50,000	50,000	50,000	50,000	50,000
営業利益	555,000	555,000	555,000	555,000	555,000	555,000	555,000
（営業利益累計）	555,000	1,110,000	1,665,000	2,220,000	2,775,000	3,330,000	3,885,000
支払利息	7,172	7,037	6,902	6,767	6,631	6,495	6,359
経常利益	547,828	547,963	548,098	548,233	548,369	548,505	548,641
法人税住民税及び事業税等	0	0	0	0	0	0	0
当期純利益	547,828	547,963	548,098	548,233	548,369	548,505	548,641

	×2年11月	×2年12月	×3年1月	×3年2月	×3年3月	合計
売上高	5,000,000	5,000,000	5,000,000	5,000,000	5,000,000	60,000,000
売上原価	3,000,000	3,000,000	3,000,000	3,000,000	3,000,000	36,000,000
売上総利益	2,000,000	2,000,000	2,000,000	2,000,000	2,000,000	24,000,000
販売費及び一般管理費	1,445,000	1,445,000	1,445,000	1,445,000	1,445,000	17,340,000
役員報酬	500,000	500,000	500,000	500,000	500,000	6,000,000
従業員給与	500,000	500,000	500,000	500,000	500,000	6,000,000
事務所賃借料	150,000	150,000	150,000	150,000	150,000	1,800,000
通信費	70,000	70,000	70,000	70,000	70,000	840,000
消耗品費	40,000	40,000	40,000	40,000	40,000	480,000
水道光熱費	20,000	20,000	20,000	20,000	20,000	240,000
旅費交通費	90,000	90,000	90,000	90,000	90,000	1,080,000
減価償却費	25,000	25,000	25,000	25,000	25,000	300,000
その他費用	50,000	50,000	50,000	50,000	50,000	600,000
営業利益	555,000	555,000	555,000	555,000	555,000	6,660,000
（営業利益累計）	4,440,000	4,995,000	5,550,000	6,105,000	6,660,000	
支払利息	6,223	56,087	5,950	5,813	5,676	127,112
経常利益	548,777	498,913	549,050	549,187	549,324	6,532,888
法人税住民税及び事業税等	0	0	0	0	1,138,600	1,138,600
当期純利益	548,777	498,913	549,050	549,187	-589,276	5,394,288

法人税，住民税，事業税等の金額

第 1 期の経常利益－2,970,575＋経常利益6,532,888円＝3,562,313円

3,562,000円（1,000円未満切捨）×30％＋70,000円＝1,138,600円

月次キャッシュ・フロー計算書（第 2 年度）　　（単位：円）

	×2年4月	×2年5月	×2年6月	×2年7月	×2年8月	×2年9月	×2年10月
営業活動によるキャッシュ・フロー	-227,172	-1,497,037	573,098	573,233	573,369	573,505	573,641
営業収入	3,000,000	3,000,000	5,000,000	5,000,000	5,000,000	5,000,000	5,000,000
仕入支出	1,800,000	3,000,000	3,000,000	3,000,000	3,000,000	3,000,000	3,000,000
販売費及び一般管理費	1,445,000	1,445,000	1,445,000	1,445,000	1,445,000	1,445,000	1,445,000
減価償却費	25,000	25,000	25,000	25,000	25,000	25,000	25,000
利息の支払額	7,172	7,037	6,902	6,767	6,631	6,495	6,359
税金の支払額		70,000					
財務活動によるキャッシュ・フロー	-80,489	1,919,376	-80,759	-80,894	-81,030	-81,166	-81,302
借入金の借入	0	2,000,000	0	0	0	0	0
借入金の返済	80,489	80,624	80,759	80,894	81,030	81,166	81,302
投資活動によるキャッシュ・フロー	0	0	0	0	0	0	0
キャッシュ・フローの増減額	-307,661	422,339	492,339	492,339	492,339	492,339	492,339
期首（月初）現金預金	1,211,051	903,390	1,325,729	1,818,068	2,310,407	2,802,746	3,295,085
期末（月末）現金預金	903,390	1,325,729	1,818,068	2,310,407	2,802,746	3,295,085	3,787,424

	×2年11月	×2年12月	×3年1月	×3年2月	×3年3月	合　計
営業活動によるキャッシュ・フロー	573,777	523,913	574,050	574,187	574,324	3,962,888
営業収入	5,000,000	5,000,000	5,000,000	5,000,000	5,000,000	56,000,000
仕入支出	3,000,000	3,000,000	3,000,000	3,000,000	3,000,000	34,800,000
販売費及び一般管理費	1,445,000	1,445,000	1,445,000	1,445,000	1,445,000	17,340,000
減価償却費	25,000	25,000	25,000	25,000	25,000	300,000
利息の支払額	6,223	56,087	5,950	5,813	5,676	127,112
税金の支払額						70,000
財務活動によるキャッシュ・フロー	-81,438	-2,081,574	-81,711	-81,848	-81,985	-974,820
借入金の借入	0	0	0	0	0	2,000,000
借入金の返済	81,438	2,081,574	81,711	81,848	81,985	2,974,820
投資活動によるキャッシュ・フロー	0	0	0	0	0	0
キャッシュ・フローの増減額	492,339	-1,557,661	492,339	492,339	492,339	2,988,068
期首（月初）現金預金	3,787,424	4,279,763	2,722,102	3,214,441	3,706,780	1,211,051
期末（月末）現金預金	4,279,763	2,722,102	3,214,441	3,706,780	4,199,119	4,199,119

　前期に計上した法人税，住民税及び事業税等の支払が，5 月に行われるため，損益計算書の費用計上と支払に期間的差異が生じることになる。一方で，今期見積もったそれは×3 年 5 月の支出となるため，キャッシュ・フローには影響しない。

③　第2年度の説明

　　第1期と異なり，4月より5,000,000円の売上を計上しているので，固定費の増加分はあっても，毎月営業利益が計上されることになり，損益面からみると経営は軌道に乗ったように見える。しかし，4月から営業収入の増加に先立って固定費及びその支出が増加することにより単月のキャッシュ・フローは再びマイナスとなり，また同月から売上高及び仕入高が増加することから，5月においてこの部分の仕入支出が先行し，営業活動によるキャッシュ・フローは営業利益が生じているにもかかわらず，大幅なマイナスとなる。ここで資金調達が必要となり，これをしなければ業績は伸びているにもかかわらず，支払い不足に陥ることになる。このように，経営計画を作成する場合には損益計算書だけではなく，キャッシュ・フロー計算書も作成しないと，企業が想定する状況に対する支払準備が不足する事態を明確にできない。その後のキャッシュ・フローは安定して推移し，12月には5月に調達した資金の返済が行われている。

　　その後は損益面では順調に推移しているように見えるが，3月の決算時に法人税，住民税及び事業税等が算定され，3月単月の損益はマイナスとなっている。この税金は×3年5月に支払われるもので，その時点で再びキャッシュ・フローは悪化する。

5．予算統制の方法

　　計画を再編成して作成された予算については，その達成のため統制活動を行うことになる。統制活動はその業務実行前には予算が達成されるように業務の方法に関する意思決定を行い，それを実践していくことであり，実行後には予算と実績が比較され，問題がある場合にはその内容が分析されその後の活動に反映されるようになる。本章では，実行後の予算と実績の比較方法及び，極めて単純なモデルによる予算差異（予算と実績の差額）分析について解説する。

(1)　予算統制のための損益計算書の作成

　それでは，A事業部とB事業部を有するある会社の管理会計で用いられている損益計算書を以下に示す。なお，金額及び事業内容は説明のため簡略化している。

（単位：円）	A事業部			B事業部		
	実績	予算	予算差異	実績	予算	予算差異
売　上　高	750,500	800,000	−49,500	1,092,000	1,000,000	92,000
売上原価	537,200	560,000	22,800	897,000	850,000	−47,000
売上総利益	213,300	240,000	−26,700	195,000	150,000	45,000
販　売　費	36,024	40,000	3,976	37,128	30,000	−7,128
貢献利益	177,276	200,000	−22,724	157,872	120,000	37,872
事業部への配賦額	0	0	0	0	0	0
本　　部　　費	75,050	80,000	4,950	109,200	100,000	−9,200
営業利益	102,226	120,000	−17,774	48,672	20,000	28,672

（単位：円）	本　　部			全　　社		
	実績	予算	予算差異	実績	予算	予算差異
売　上　高	0	0	0	1,842,500	1,800,000	42,500
売上原価	0	0	0	1,434,200	1,410,000	−24,200
売上総利益	0	0	0	408,300	390,000	18,300
販　売　費	0	0	0	73,152	70,000	−3,152
貢献利益	0	0	0	335,148	320,000	15,148
事業部への配賦額	184,250	180,000	4,250	0	0	4,250
配賦額の調整	0	0	0	0	0	−4,250
一般管理費	191,620	180,000	−11,620	191,620	180,000	−11,620
営業利益	−7,370	0	−7,370	143,528	140,000	3,528

　このように管理会計では，会計単位を予算統制の単位に分け，実績と予算の対比を行う。ここでは事業部がふたつであり，一般管理活動に係る部分は本部としており，全体で部門は3つとなっている。予算は短期利益計画をこの3つの部門に分け，実績値はその部門ごとに集計している。それではこの損益計算書の特徴的な部分について説明しよう。

① 貢 献 利 益

　貢献利益とは，その事業部（セグメント）別の利益をいい，この例では本部費と営業利益に対する貢献額を示している[4]。

② 一般管理費

　本部（総務・経理・税務・システム等）の活動をここでは一般管理活動としてとらえ，一般管理費を本部費として予算設定している。

③ 本部費及び事業部への配賦額

　この例では売上高の10％を本部費として両事業部に配賦している。この配賦を行うか否かは企業によって異なり，配賦を行う場合でもその配賦方法及び負担率について論議が交わされる事が多い。ただしこの例のように，一旦貢献利益を算定し，それによって各事業部の業績判断を行っている場合にはあまり問題とはならないであろう。

④ 予 算 差 異

　予算と実績の差額を「予算差異」という。そしてその差異が利益に対してプラスに働くものを「有利差異」といい，予算差異欄では正の数値となっており，マイナスに働くものを「不利差異」といい，同様に負の数値となっている。

　全体の営業利益は3,528円の有利差異となっており，これを事業部別に分析すると，A事業部の貢献利益は−22,724円で不利差異となっており，予算未達成となっている。B事業部は同様に37,872円で有利差異となっており，予算を達成するだけではなく，全社利益の増加に貢献をしている。本部の営業利益は事業部への配賦額の予算差異を除くと−11,620円で不利差異となっており，これも予算未達成となっている。

　それではこのような状況について分析を行ってみる。なお，以下の分析のためA事業部及びB事業部における売上数量・販売単価・仕入単価・売上高販売費率の予算及び実績の内容はそれぞれ次のようであったとする。ここでは単純化のため一事業部で一品種を取り扱っているものとする。

		A事業部	B事業部
売上数量	予　　算	800個	2,500個
	実　　績	790個	2,600個
販売単価	予　　算	1,000円	400円
	実　　績	950円	420円
仕入単価	予　　算	700円	340円
	実　　績	680円	345円
売上高販売費率*（予算）		売上高の5%	売上高の3%
本部費の負担額		売上高の10%	売上高の10%

＊売上高販売費率＝（販売費÷売上高）×100（％）

(2)　売上高差異の分析

売上高差異は次のように，「販売価格差異」と「販売数量差異」に分解される。

A事業部の売上高差異＝−49,500円（不利）

B事業部の売上高差異＝92,000円（有利）

① 販売価格差異

　予算販売単価と，実際販売単価の差について計算される差異で，計算式は次のようになる。

> 販売価格差異＝（実際販売価格－予算販売価格）×実際販売数量

　つまり売上高差異のうちA事業部について－39,500円，B事業部について52,000円は，販売価格が予算と実績で異なったことによって生じた差異ということになる。

② 販売数量差異

　予算販売数量と，実際販売数量の差について計算される差異で，計算式は次のようになる。

> 販売数量差異＝（実際販売数量－予算販売数量）×予算販売価格

　売上高差異のうちA事業部－10,000円，B事業部40,000円は販売数量が予算と実績で異なったことによって生じた差異である。

(3)　売上原価の差異分析

　売上原価の差異も同様に，「仕入価格差異」と「販売数量差異」に分解される。

　　A事業部の売上原価差異＝－22,800円（有利）

680円

仕入価格差異　　＊－15,800円（有利）
（680円－700円）×790個

700円

予算金額
560,000円
＝700円×800個

販売数量差異
＊－7,000円（有利）
＝700円×
（790個－800個）

800個　　　790個

　　　＊原価（費用）であるから負の値は利益にとって有利となる。

　　B事業部の売上原価差異＝47,000円（不利）

345円

仕入価格差異　　＊13,000円（不利）
（345円－340円）×2,600個

340円

予算金額
850,000円
＝340×2,500個

販売数量差異
＊34,000円（不利）
＝340円×
（2,600個－2,500個）

2,500個　　　2,600個

　　　＊原価（費用）であるから正の値は利益にとって不利となる。

① 仕入価格差異

　予算仕入単価と，実際仕入単価の差について計算される差異で，計算式は次のようになる。

> 仕入価格差異＝（実際仕入価格－予算仕入価格）×実際販売数量

　つまり売上原価差異のうちA事業部について－15,800円，B事業部について13,000円は，仕入価格が予算と実績で異なったことによって生じた差異ということになる。なお，利益に与える影響という意味では販売（収益）価格と仕入（費用）価格は反対の概念になるので，A事業部は有利差異，B事業部は不利差異ということになる。

② 販売数量差異

　予算販売数量と，実際販売数量の差について計算される差異で，計算式は次のようになる。

> 販売数量差異＝（実際販売数量－予算販売数量）×予算仕入価格

　売上原価差異のうちA事業部－7,000円，B事業部34,000円は販売数量が予算と実績で異なったことによって生じた差異である。利益に与える影響は(1)と同様であるから，A事業部は有利差異，B事業部は不利差異となる。

(4) 販売費の分析

　予算ではA事業部は売上高の5％を，B事業部ではその3％を販売費として見積もっていた。それでは実際の売上高販売費率を算定してみよう。

　　A事業部　　36,024円÷750,500円＝4.8％
　　B事業部　　37,128円÷1,092,000円＝3.4％

　すると，売上高販売費率は予算に対し，A事業部では0.2ポイント低く，B事業部は逆に0.4ポイント高くなっている。このことから，A事業部は当初見積りより少ない販売費で業務を行ったのに対し，B事業部は逆に多くな

っている。実際にはこの結果を受けて，販売費の内訳からその原因を追求することになる。

(5)　一般管理費の分析

　本部における一般管理費は予算額が180,000円に対し，実績額が191,620円となっており，－11,620円の不利差異が生じている。ここでは売上高に対する一般管理費の割合（売上高一般管理費率）を用いて検討してみよう。

売上高一般管理費率＝(一般管理費÷売上高)×100(％)

予算＝180,000円÷1,800,000円＝10％
実績＝191,620円÷1,842,500円＝10.4％

　売上高が増加すれば，それに伴う事務コスト等も増加するため一般管理費はある程度上昇する事が考えられる。その部分は「事業部への配賦額」の予算差異4,250円に現れており，これについてはその増加も止むを得ないと考えられので，本部の営業利益に関する予算差異は－7,370円（＝4,250円－11,620円）と計算される。よってこの金額について，一般管理費の内訳からその原因を追求することになる。

注

1　キャッシュ・フロー数値についても各部門の業績を測定している場合には，部門別に展開される。

2　［櫻井通晴 2019］200頁では，利益計画と予算編成の関係については，ふたつの見解があり，「第1は，利益計画は予算編成の過程そのものに直接織り込ませて設定されるべきであって，予算編成自体が利益計画設定の具体的手段であるとする。」ものであり，「第2は，経営首脳部（経営戦略会議など）を中心にしてあらかじめ利益計画を立て，そこから予算編成方針を求め，それにもとづいて各部門を中心にして部門予算を編成する。（中略）この見解では，利益計画と予算編成とが段階的に区分される。」と述べている。そしてこれまでは「第2の見解がより適切なものと考えられてきた。」が，201頁では，2012年の調査結果によると，「対話を重視する第2の見解に基づく企業が減少し，第1の見解に立脚するアメリカ型の予算管理方式に近づきつつある」としている。

3　この一連の流れは PDCA（Plan, Do, Check, Action）サイクルともいわれる。

4　［櫻井通晴 2019］281〜283頁では，貢献利益には(1)限界利益型貢献利益（限界利益を貢献利益とする），(2)個別固定費控除型貢献利益（限界利益から個別固定費を控除した利益を貢献利益とする），(3)セグメント・マージン型貢献利益（セグメント別の利益）の３つのタイプがあるとしている。本章における貢献利益概念は(3)であるが，第 6 章の注 7 に示したように，［岡本清 2000］484頁では(1)の貢献利益概念を示している。

第10章　意思決定会計

１．意思決定会計の意義

　経営管理者が意思決定を行う場合には，まず経営上の問題を把握し，それを明確化し，その解決のために案（「代替案」という）を探しあるいは作成し，複数のものを列挙することになる。列挙された代替案は数値に置き換えられ，評価され，最終的に経営管理者の決裁により採用される。意思決定会計はこの過程に寄与するものである[1]。本書ではさまざまな意思決定のうち価格決定と設備投資の決定に役立つ会計について説明する。ただし本書では極めて単純な例を用いて説明しており，これらの方法がそのまま実務に結びつくものではない。しかしながら基本的な考え方の習得は，複雑な実務計算を理解する一助になると考えている。

２．会計による価格算定

　財貨やサービスの価格の決定には需要と供給の関係から価格を決定するなど，さまざまな方法があるが，会計の領域でこれに役立つ情報を提供する場合には，その財貨やサービスの調達・製作・供給にかかった費用の集合体である「原価」を用いることになる。原価を用いた価格算定方法として，すべての原価を集計して計算する全部原価法と，一部の原価を集計して計算する部分原価法がある。

(1)　全部原価法

　全部原価法とはその財貨やサービスの単位（例えば１個）当たりのすべての原価を計算し，これに一定の利益を加算して価格を算定する方法をいう。ここでは総原価法と目標投資利益率法を説明する。

① 総原価法による価格算定

総原価法では次の算式によって価格が算定される。

$$価格＝総原価＋（総原価×マークアップ率）$$

マークアップ率とは目標利益率を意味する。また総原価とは変動原価（変動費）と固定原価（固定費）からなるものとする。

(設例1）)

以下の資料にあげる商品について，1個当たりの価格を求めなさい。マークアップ率は30％とし，予想販売個数が20,000個のときと30,000個のときの価格をそれぞれ算定しなさい。

	20,000個	30,000個
予想変動原価		
仕入代金	1,200,000円	1,800,000円
予想販売費		
変動販売費	60,000	90,000
固定販売費	840,000	840,000
予想その他管理費	120,000	120,000
予想全部原価	2,220,000円	2,850,000円

【解答】

20,000個の場合

　（2,220,000円÷20,000個）×（1＋0.3）＝144.3円（個）

30,000個の場合

　（2,850,000円÷30,000個）×（1＋0.3）＝123.5円（個）

② 目標投資利益率法による価格算定

目標投資利益率法とは設備投資に対する目標利益率をマークアップ率とするもので，次の算式によって価格を算定する。なお操業度とは一般に設備の稼働割合をいうが，ここでは売上個数を用いることとする。

価格 ＝ ｜変動費 ＋（固定費 ÷ 標準操業度）｜
　　　＋ ｜（設備投資額 × 目標投資利益率）÷ 標準操業度｜

設例 2 ）

　設例 1 ）の例を用いて目標投資利益率法によって 1 個当たりの価格を求めなさい。ただし標準操業度（標準売上高）は24,000個とし，設備投資額は3,000,000円，目標投資利益率は 8 ％とする。

【解答】

　　 1 個当たり変動費

仕入代金	60
変動販売費	3
合　　　計	63

　　固定費

　　　840,000円 ＋ 120,000円 ＝ 960,000円

　　価　格

　　　｜63円 ＋（960,000円 ÷ 24,000個）｜

　　　＋ ｜（3,000,000円 × 8 ％）÷ 24,000個｜ ＝ 113円

(2)　部分原価法

　全部原価法は通常の状況における価格算定の方法であるが，例えば通常の状況を超えて追加注文があり，それが全部原価法で求めた価格より低い価格で要求された場合に，画一的に全部原価法による価格と見合わないからといって注文を断ってしまうと，誤った意思決定をしてしまうことがある。そのような場合には部分原価法を採用した価格計算を行うことが必要となり，その例としてここでは直接原価計算法と増分分析法を説明する。

①　直接原価計算法

　直接原価計算とは変動費のみを商品（製造業の場合には製品）単位当たりに求め，これを直接原価とし，固定費は商品単位当たりに求めない原価計算法をいう。すると売上高が直接原価を上回っている限り「限界利益（第 6 章参照）」が生じ，既存の受注で固定費を賄っていれば販売による利益を増大

できる。よって，限界利益が生じる限り全部原価法によって計算した価格より低い価格で受注しても良いことになる。

設例3）

　　A品の通常価格は200円/個であり，変動費は120円/個である。現在の受注（10,000個）で固定費（50円/個）をすべて回収しているが，追加注文の依頼が2,000個@140円であった。この注文は受けるべきであるか。

【解答】

　　利益だけを考慮すれば受けるべきである[2]。なぜなら，既に既存の受注で固定費を回収しており，この新規受注で限界利益40,000円が生じるからである。

　　限界利益＝（140円－120円）×2,000個＝40,000円

②　増分分析法

　追加注文を受ける際に固定費の増加を伴う場合があり，そのような時には直接原価計算法だけではなく，増加する固定費も考慮して受注するか否かを決めることが必要となる。このように意思決定を行った場合に増加する収益を「増分収益」といい，増加する費用を「増分原価」という。

設例4）

　　設例3）の追加受注を受ける場合に，固定費が追加で50,000円生じることが判明した。この場合でも受注を受けるべきか。

【解答】

　　受けるべきではない。つまり限界利益40,000円－追加固定費50,000円＝－10,000円となり，受注を受けることによって損失が生じてしまうからである。追加固定費が限界利益の40,000円未満であれば，利益だけを考慮すれば受注を受けて差し支えない。

　①，②で述べたように全部原価法による原価未満で受注を受けても，企業利益を極大化することができる。しかしながら，追加受注分は全部原価法によった場合に，いわゆる「原価割れ」で出荷を行うこととなり，例えば輸出する製品などにこれを行った場合には「ダンピング」として「不正な競争」と看做されることもある。

3．設備投資の経済性計算

　設備投資を行うか否かの意思決定を設備投資意思決定といい，その際には，ある設備投資計画案を採用した場合の投資額と，それによってもたらされる利益の増加額が評価の対象となる。固定資産に係る設備投資の意思決定は長期にわたる投資のため，慎重に行われなければならない。

⑴　設備投資の経済性計算における用語

　この計算において用いられる用語について説明すると次のようになる。

①　原始投資額

　設備投資計画案を行うために必要となる「正味の現金支出額」をいう。

②　毎年の増分利益

　設備の使用期間にわたって毎年得られる年々の現金流入額をいう。

③　処分時の正味増分現金流出入額

　設備の使用が終了した時点で，その設備を処分することによって生じると考えられる正味の現金流入額または流出額をいう。

④　経済的使用可能期間

　その設備が経済的に使用可能な年数をいう。経済的にというのは物質としてまだ使用可能であっても陳腐化や不適応化によって使用できなくなることがあるためである。

⑤　現在価値・割引率

　将来の貨幣額を現在の貨幣額に置き換えたものを現在価値という。例えば利子率が3％の状況で，1年後に10,300円の現金流入額があるとする。すると1年後の10,300円は利子率を考慮すると現在では10,000円となる。将来の価値を現在の価値（「現在価値」）に置き換えることを「割引（もしくは割引計算）」といい，このことから現在価値は割引価値ともいわれる。そして現在価値を求める際に用いられる率（上述の説明では利子率）を「割引率」という。この考え方は財務会計においても退職給付会計や固定資産に係る減損会計等で用いられている。ここで将来価値を現在価値に置

き換える場合の算式は次のようになる。

$$現在価値 = 将来価値 \div (1 + 割引率)^n$$

n は年数

⑥　資本コスト，資本コスト率

　資本コストとは資本（ここでは資金の意味で使う）を利用する場合に犠牲となる価値をいう[3]。例えば借入れを行って設備投資を行う場合には最低でもその利息部分は資本コストとなる。そして一般的に使われている資本コスト率とはその企業が必要とする最低の利益率（必要利益率）を意味する[4]。

(2)　設備投資の経済性計算の方法

　設備投資の経済性計算の方法として以下にあげる3つの方法を説明する。

①　投資利益率法

　投資利益率法とはその設備投資資産の経済的使用可能年数にわたって得られる平均利益と投資額の関係比率を求め，これによって各代替案の評価を行う方法であり，経営分析の収益性の分析における資産利益率の考え方と同じである。投資利益率には次のふたつの種類がある。

> 1）総投資利益率＝（各年の平均増分現金流入額－減価償却費）
> ÷総投資額×100
> 2）平均投資利益率＝（各年の平均増分現金流入額－減価償却費）
> ÷平均投資額[※]×100
> ※総投資額の2分の1

　増分現金流入額とは，この投資金額以外でその設備投資の効果として毎年流入する現金と流出する現金の差額をいう。増分現金流入額から減価償却費を控除するのは次の理由による。

1）総投資利益率＝（各年の平均増分現金流入額−減価償却費）

÷総投資額×100

　減価償却費は支出を伴わない費用であることから増分現金流入額の計算には反映されていない概念である。しかしこの設備に対する支出は取得時にまとめて行われるため，支出金額を使用する期間に按分する目的で計算された減価償却費を現金流入額から控除しないと，設備投資金額の回収が行われない前提で利益率が算定されてしまうためである。

2）平均投資利益率＝（各年の平均増分現金流入額−減価償却費）

÷平均投資額×100

　減価償却の自己金融効果（減価償却によって計上された費用は支出を伴わないことから，結果的にキャッシュ・フローがプラスとなる——第7章参照——）によって他の資産が企業内にプールされるため，平均投資額は当初の投資額とはならない点に着目しており，そこでは投資の全期間を考慮すれば平均投資額は総投資額の2分の1（残存価額を0とした場合の100＋0の単純平均）になると考えている。

(設例1）

　15億円の設備投資を行う。経済的使用可能年数は5年とし，この投資によって増分現金流入額が5年にわたって毎年4億5千万円あるとき，①総投資利益率及び②平均投資利益率はいくらになるか。ただし減価償却は定額法で行い，残存価額は0とする。

【解答】

　1）　総投資利益率＝1億5千万円÷15億円×100＝10％
　2）　平均投資利益率＝1億5千万円÷（15億円÷2）×100＝20％
　　　　毎年の減価償却費＝15億円÷5年＝3億円
　　　　平均増分現金流入額−減価償却費
　　　　　　＝4億5千万円−3億円＝1億5千万円

② 回収期間法

　回収期間法とは，当初の投資額を回収するのに要する期間を計算し，回収期間が短いものをもって有利とする評価方法であり，回収期間は次の計

算式によって計算される。

> 回収期間＝原始投資額÷毎年の現金流入額の平均

設例2）

　　回収期間法によった場合，次の代替案のうちいずれが有利か判定しなさい。

	原始投資額	経済的使用可能年数	毎年の現金流入額の平均
A案	14億円	5年	3億5千万円
B案	24億円	8年	4億円

【解答】

　　A案である。

　　回収期間　A案＝14億円÷3億5千万円＝4年

　　　　　　　B案＝24億円÷4億円＝6年

　　回収期間はA案の方が短い。

(3) 現在価値法

　現在価値法とは現金流入額を現在価値に割引いて投資案の評価を行う方法であり，具体的には割引に用いる割引率として資本コスト率[4]を用い，それによって求めた現金流入額が原始投資額より大きい場合には，その案を採用しても良いことになる。

> 割引後の現金流入額＞原始投資額→代替案の採用可

設例

　　以下の設備投資を行ってよいか判断しなさい。

原始投資額	30億円	
現金流入額	1年目	3億円
	2年目	8億円
	3年目	10億円
	4年目	7億円

５年目　　　　　７億円

合　計　　　　　35億円

資本コスト率　　　5％

【解答】

設備投資は行うべきではない。最終的な現金流入額は，将来価値では５億円と計算されるが，現在価値ではマイナス（－540千円）となってしまうからである。

年	現金流出入額	現価係数	現在価値
投資時	－3,000,000千円	1	－3,000,000千円
1年	300,000千円	0.9524	285,720千円
2年	800,000千円	0.9070	725,600千円
3年	1,000,000千円	0.8638	863,800千円
4年	700,000千円	0.8227	575,890千円
5年	700,000千円	0.7835	548,450千円
合　計	500,000千円	－	540千円

＊　毎年の現在価値は現金流出入額に $\{1 \div (1+0.05)^n\}$ を乗じることによって求められ，この数値を現価係数といい，一般には複利現価表を用いて算定する。ここでは，章末に示す複利現価表の５％の欄を用い，それぞれの年数（１年から５年）に記載されている数値をもって現価係数としている。

注

1　［櫻井通晴　2019］473頁では，「意思決定（decision making）は，広義で，経営管理を行うことと同義で用いられることがある。やや狭い意味で，意思決定とは代替案の中からの選択（alternative choice：代替案の選択）のことをいう。」としており，本章では後者の意味で用いている。

2　限界利益を生じさせることによって，当該期間の利益の極大化は図れるが，それにより価額の下落が始まるようなことが有れば，受けるべきではない。

3　経済産業省が取り組んでいた，「持続的成長への競争力とインセンティブ～企業と投資家の望ましい関係構築～」プロジェクトでは，約１年にわたる議論を経て平成26年８月６日に「最終報告書（伊藤レポート）」を公表した。その要旨3.2)では，「資本コストとは，企業と株主・投資家の間にある暗黙の信頼関係，期待，役割と義務を含む財務・非財務両面を総合して企業が認識す

べきコストと言え，これに関する経営規律のあり方と責任の明確化が求められていると考えられる。」としている。

4　資本コスト率の算定は第11章5.参照。

【付録1】 複利現価表

$$\frac{1}{(1+r)^n}$$

n \ r	1 %	2 %	3 %	4 %	5 %	6 %	7 %	8 %	9 %	10%
1	0.9901	0.9804	0.9709	0.9615	0.9524	0.9434	0.9346	0.9259	0.9174	0.9091
2	0.9803	0.9612	0.9426	0.9246	0.9070	0.8900	0.8734	0.8573	0.8417	0.8264
3	0.9706	0.9423	0.9151	0.8890	0.8638	0.8396	0.8163	0.7938	0.7722	0.7513
4	0.9610	0.9238	0.8885	0.8548	0.8227	0.7921	0.7629	0.7350	0.7084	0.6830
5	0.9515	0.9057	0.8626	0.8219	0.7835	0.7473	0.7130	0.6806	0.6499	0.6209
6	0.9420	0.8880	0.8375	0.7903	0.7462	0.7050	0.6663	0.6302	0.5963	0.5645
7	0.9327	0.8706	0.8131	0.7599	0.7107	0.6651	0.6227	0.5835	0.5470	0.5132
8	0.9235	0.8535	0.7894	0.7307	0.6768	0.6274	0.5820	0.5403	0.5019	0.4665
9	0.9143	0.8368	0.7664	0.7026	0.6446	0.5919	0.5439	0.5002	0.4604	0.4241
10	0.9053	0.8203	0.7441	0.6756	0.6139	0.5584	0.5083	0.4632	0.4224	0.3855
n \ r	11%	12%	13%	14%	15%	16%	17%	18%	19%	20%
1	0.9009	0.8929	0.8850	0.8772	0.8696	0.8621	0.8547	0.8475	0.8403	0.8333
2	0.8116	0.7972	0.7831	0.7695	0.7561	0.7432	0.7305	0.7182	0.7062	0.6944
3	0.7312	0.7118	0.6931	0.6750	0.6575	0.6407	0.6244	0.6086	0.5934	0.5787
4	0.6587	0.6355	0.6133	0.5921	0.5718	0.5523	0.5337	0.5158	0.4987	0.4823
5	0.5935	0.5674	0.5428	0.5194	0.4972	0.4761	0.4561	0.4371	0.4190	0.4019
6	0.5346	0.5066	0.4803	0.4556	0.4323	0.4104	0.3898	0.3704	0.3521	0.3349
7	0.4817	0.4523	0.4251	0.3996	0.3759	0.3538	0.3332	0.3139	0.2959	0.2791
8	0.4339	0.4039	0.3762	0.3506	0.3269	0.3050	0.2848	0.2660	0.2487	0.2326
9	0.3909	0.3606	0.3329	0.3075	0.2843	0.2630	0.2434	0.2255	0.2090	0.1938
10	0.3522	0.3220	0.2946	0.2697	0.2472	0.2267	0.2080	0.1911	0.1756	0.1615
n \ r	21%	22%	23%	24%	25%	26%	27%	28%	29%	30%
1	0.8264	0.8197	0.8130	0.8065	0.8000	0.7937	0.7874	0.7813	0.7752	0.7692
2	0.6830	0.6719	0.6610	0.6504	0.6400	0.6299	0.6200	0.6104	0.6009	0.5917
3	0.5645	0.5507	0.5374	0.5245	0.5120	0.4999	0.4882	0.4768	0.4658	0.4552
4	0.4665	0.4514	0.4369	0.4230	0.4096	0.3968	0.3844	0.3725	0.3611	0.3501
5	0.3855	0.3700	0.3552	0.3411	0.3277	0.3149	0.3027	0.2910	0.2799	0.2693
6	0.3186	0.3033	0.2888	0.2751	0.2621	0.2499	0.2383	0.2274	0.2170	0.2072
7	0.2633	0.2486	0.2348	0.2218	0.2097	0.1983	0.1877	0.1776	0.1682	0.1594
8	0.2176	0.2038	0.1909	0.1789	0.1678	0.1574	0.1478	0.1388	0.1304	0.1226
9	0.1799	0.1670	0.1552	0.1443	0.1342	0.1249	0.1164	0.1084	0.1011	0.0943
10	0.1486	0.1369	0.1262	0.1164	0.1074	0.0992	0.0916	0.0847	0.0784	0.0725
n \ r	31%	32%	33%	34%	35%	36%	37%	38%	39%	40%
1	0.7634	0.7576	0.7519	0.7463	0.7407	0.7353	0.7299	0.7246	0.7194	0.7143
2	0.5827	0.5739	0.5653	0.5569	0.5487	0.5407	0.5328	0.5251	0.5176	0.5102
3	0.4448	0.4348	0.4251	0.4156	0.4064	0.3975	0.3889	0.3805	0.3724	0.3644
4	0.3396	0.3294	0.3196	0.3102	0.3011	0.2923	0.2839	0.2757	0.2679	0.2603
5	0.2592	0.2495	0.2403	0.2315	0.2230	0.2149	0.2072	0.1998	0.1927	0.1859
6	0.1979	0.1890	0.1807	0.1727	0.1652	0.1580	0.1512	0.1448	0.1386	0.1328
7	0.1510	0.1432	0.1358	0.1289	0.1224	0.1162	0.1104	0.1049	0.0997	0.0949
8	0.1153	0.1085	0.1021	0.0962	0.0906	0.0854	0.0806	0.0760	0.0718	0.0678
9	0.0880	0.0822	0.0768	0.0718	0.0671	0.0628	0.0588	0.0551	0.0516	0.0484
10	0.0672	0.0623	0.0577	0.0536	0.0497	0.0462	0.0429	0.0399	0.0371	0.0346

第11章　企業価値の算定方法

　経営の目標は，その企業体の価値を創造することである[1]。しかしながら企業価値の算定方法について，詳しく述べると大変なボリュームとなるので，本章では企業価値の算定方法について，基本的な4つを簡潔に説明することとする。

1．企業価値の意義

　企業価値とは，企業そのものの価値を金額で表したものをいい，それを発行済株式数で除したものが一株当たりの企業価値となる。株式を上場している会社では，基本的にその会社の市場における株価に発行済株式総数を乗じた「株価時価総額」が企業価値の目安になるが，株式を上場していない会社ではそのような計算はできない。また，上場している会社であっても株価時価総額が実際の企業価値を示しているかということについては，再検討の余地がある[2]。

　本書は基本書であることから，ここでは実務で一般的に用いられている株価あるいは企業価値の算定方法である「配当還元方式」，「純資産価額方式」，「類似会社比準価格方式」，「DCF方式」について，それぞれの基本的な考え方を説明し，平易な計算例を示している。

2．配当還元方式による株価の算定

　配当還元方式とは，その企業が毎年，株主に対して支払っている一株当たりの配当金の額を，投資に対する一定の利回りと考え，そこから株価を算定する方式をいう。具体的には，通常配当されている一株当たりの配当金の額を期待利回りの率で除すことによって求められる。この配当金の額は，通常

178

2年間程度の平均値で求められ，そこからは記念配当などの特別な配当金は除外される。配当還元方式は比較的持株数の少なく，経営に影響を与えないと考えられる株主が所有する株式の価額を算定する場合に用いられ，企業全体の価値をこれによって求めることは少ない[3]。

設例1）

　　S社の配当金は前年度60,000千円，当年度100,000千円（うち30,000千円は特別配当）であった。S社の発行済株式数は1,000株であり，株式出資に対する期待利回りは10%である。

　　一株当たりの配当還元価額

　　= {(60,000千円 + 100,000千円 − 30,000千円) ÷ 2 ÷ 1,000株} ÷ 10%

　　= 650千円

3．純資産価額方式による企業価値の算定

　純資産価額方式とは，基本的に貸借対照表に表示されている「純資産の部」の金額を企業価値の総額と考えるものであり，基本的にこれまでの企業活動の結果として貸借対照表日に残存している価値を算定するものであることから，企業の清算価値について評価を行うものといえる。これには簿価純資産方式と，時価純資産方式がある。

(1)　簿価純資産方式

> 企業価値 = 貸借対照表上の純資産 = 貸借対照表上の（資産 − 負債）

　貸借対照表に表示されている「純資産」の金額そのものを企業価値とみなす方式であり，特別な算定を要しない。ただし，非上場会社，とりわけ中小企業の実務においてはこれを発行済株式数で除した，「一株当たり純資産額」を株式売買の基準としているケースも多い。

(2)　時価純資産方式

> 企業価値＝時価純資産額＝（時価評価された資産金額
> 　　　　　　　　　　　　　－時価評価された負債金額）

　貸借対照表に計上されている資産，負債を時価評価し，その差額としての時価純資産額をもって企業価値とみなす方式である。この方式は，企業の清算価値を最も示すといわれているため，清算会社や業績不振の会社を評価する際に用いられる。なお，より清算価値に近づけるには，資産の含み益からその実効税率部分を控除した税引後の純資産価額を求めることもあり，相続税の実務における純資産価額も含み益に対する税額相当分を控除して計算される。

　なお，日本における実効税率の計算式は以下のようになる。

> 実効税率＝｜法人税率×（1＋住民税率）＋事業税率｜÷（1＋事業税率）

（設例2）

S社貸借対照表

（単位：千円）

流動資産	1,000,000	流動負債	700,000
固定資産	1,500,000	固定負債	600,000
土　　　地	800,000	純資産	1,200,000
建　　　物	200,000		
そ　の　他	500,000		
資産合計	2,500,000	負債・純資産合計	2,500,000

・S社の発行済株式数は1,000株である。
・土地，建物の時価はそれぞれ1,400,000千円，100,000千円であり，その他の資産及び負債については時価と帳簿価額は同じとする。
・実効税率は38％とする。

評価方法	純資産額（企業価値）	一株当たり純資産額	備　考
簿価純資産方式	1,200,000千円	1,200千円	
時価純資産方式	1,700,000千円	1,700千円	簿価純資産額＋ （1,400,000千円 　＋100,000千円） －（800,000千円 　＋200,000千円）
時価純資産方式 （税引後）	1,510,000千円	1,510千円	時価純資産額－（時価 純資産額－簿価純資産 額）×38％

4．類似会社比準価格方式による株価の算定

　評価を行う当該会社と，業種・規模等が類似している会社を選定し，類似会社の株価と当該評価を行う会社の収益力，純資産を比較して価格（株価）を算定する方法で，計算式は以下のようになる。

$$類似会社比準価格 = \frac{類似会社の株価}{2} \times \left(\frac{当該会社の一株当たり純利益}{類似会社の一株当たり純利益} + \frac{当該会社の一株当たり純資産}{当該会社の一株当たり純資産} \right)$$

設例3）

　上記設例1），2）に挙げたS社の当期純利益は300,000千円であった。
また類似会社となるK社のデータは次の通りであった。

　　　一株当たりの株価　　　800千円
　　　一株当たり当期純利益　200千円
　　　一株当たり純資産　　　600千円

S社の一株当たり比準価格（株価）	1,400千円	（800÷2）×｛（300/200） ＋1,200/600)｝
S社の株価時価総額（≒企業価値）	1,400,000千円	1,400千円×1,000株

　※S社の一株当たり当期純利益＝300,000千円÷1,000株＝300千円

　この評価方法は，新規に上場する会社の上場価格や非上場会社の買収価格の基礎として用いられることが多いが，その際は類似会社を2社以上選定することになる[4]。

5．DCF（Discount Cash Flow）方式による企業価値の算定

　これは企業価値を，将来に獲得が予想されるキャッシュ・フローから測定するもので，企業価値の算定として最も用いられているものである。具体的には以下のような手順によって，その算定が行われる。

Ⅰ　事業価値の算定

　ⅰ　資本コストの推計（WACC）

　ⅱ　将来フリー・キャッシュ・フローの算定

　ⅲ　将来フリー・キャッシュ・フローの現在価値の算定

　ⅳ　継続価値の算定

　ⅴ　事業価値＝ⅲ＋ⅳ

Ⅱ　非事業性資産の算定

Ⅲ　企業価値の算定＝Ⅰ＋Ⅱ

なお，M&A などの対価として，株主資本の価値を求める場合には，上記によって算定された企業価値から，有利子負債を控除して求めることになる。

(1)　事業価値の算定

① 資本コストの推計

　資本コストは通常，加重資本コスト（Weighted Average Cost of Capital：WACC）を用いて算定される[5]。WACC は以下のような算式で求められる。

> WACC（％）＝｜自己資本コスト（期待収益率）×自己資本÷（自己資本＋
> 　　　　　　有利子負債）｜＋｜平均借入利率×（ 1 －実効税率）×
> 　　　　　　有利子負債÷（株主資本＋有利子負債）｜

・自己資本コスト

　これは，株主がその出資（資本）に対して要求する利益のことである。しかし一般的に株主が会社に対してどの程度のリターンを要求しているのかは明示されるものではないため，CAPM 等に代表される理論に基づき算定される。

・CAPM（Capital Asset Pricing Model：キャップエム）

　これは，資本資産価格モデルともいわれ，自己資本コストを算出するもっとも一般的な計算方法であり，自己資本コスト（％）を以下のような計算式で求めるものである。

> 自己資本コスト（％）＝リスクフリーレート＋β×
> 　　　　　　　　　　マーケットリスクプレミアム

・リスクフリーレート

　理論的にリスクが皆無か極小の投資案件に対する期待利回りのことをいい，通常，10年物の国債の利率を用いる。

・β値

　βとは，株式市場全体の収益率が1％変化したときに当該株式の収益率が何％変化するかを表したものであり，個別株式の株式市場全体に対する相対的なリスクを表す相関係数のことをいう。

・マーケットリスクプレミアム

　株式市場全体のマーケットリスクとリスクフリーレートとの差をいい，Ibbotson Associates 社などが集計・公表している。

(設例4)

　M社について以下の条件で CAPM を計算する。
・リスクフリーレート　　　　1.5％
・β　　　　　　　　　　　　1
・マーケットリスクプレミアム　5％

$$CAPM = 1.5\% + 1 \times 5\% = 6.5\%$$

設例5）

　設例4）のM社について以下の条件でWACCを計算する（計算過程で小数点第2位未満切り捨て）。なお自己資本コストには上記で求めたCAPMを使用する。

　自己資本：3,000,000千円

　有利子負債：3,500,000千円

　平均借入利率：　4%

　実効税率：　40%

$$\begin{aligned} WACC(\%) &= 6.5\% \times 3,000,000 \div (3,000,000 + 3,500,000) + 4\% \times (1-0.4) \\ &\quad \times 3,500,000 \div (3,000,000 + 3,500,000) \\ &= 3\% + 1.29\% \fallingdotseq 4.29\% \fallingdotseq 4.3\% \end{aligned}$$

②　将来フリー・キャッシュ・フローの算定

　フリー・キャッシュ・フロー（Free Cash flow）とは，営業キャッシュ・フローからその企業が存続するために必要となる投資金額を控除したものをいう。ただし，企業価値を算定する際に用いる当該企業の将来計画は，キャッシュ・フローベースではなく収益・費用ベースで作成されているので，計画上の利益からキャッシュ・フローを推計しなければならない。そこで以下のような算式でフリー・キャッシュ・フローを算定することになる[6]。

　　フリー・キャッシュ・フロー = NOPAT - 純投資額

　　　　　　　　　　　 = （NOPAT + 減価償却費）- 総投資額

ⅰ）NOPAT（Net Operating Profits After Taxes）

　　NOPAT = EBITA - EBITAに対する税金

　NOPATは，みなし税引後営業利益といわれ，現金支払いベースでの企業のみなし税引後利益である。これはⅱ）に説明するEBITAから

184

EBITA に対する税金を控除して計算される。

ⅱ）EBITA（Earnings Before Interest Taxes and Amortization）

　EBITA は，支払利息及びその他営業権（合併その他の理由によって企業が取得したのれん：これらは計画的に償却される）の償却前の税引前利益であり，基本的には損益計算書の営業利益まで，と考えてよいが，販売費及び一般管理費にその他営業権の償却が含まれている場合には，これを調整することになる。

(設例6)）

　設例4），5）のM社について第1期から第5期までの計画データは下記のとおりであったとして，EBITA，NOPAT，フリー・キャッシュ・フローを計算する。実効税率は全体で40％とする。

（単位：千円）

	第1期	第2期	第3期	第4期	第5期
売上高	16,000,000	17,000,000	17,500,000	18,000,000	18,500,000
売上原価	11,200,000	11,900,000	12,000,000	12,200,000	12,400,000
販売費及び一般管理費	3,000,000	3,100,000	3,200,000	3,300,000	3,500,000
営業利益	1,800,000	2,000,000	2,300,000	2,500,000	2,600,000
受取利息	60,000	60,000	70,000	70,000	80,000
支払利息	140,000	150,000	150,000	170,000	170,000
経常利益	1,720,000	1,910,000	2,220,000	2,400,000	2,510,000
法人税,住民税及び事業税	688,000	764,000	888,000	960,000	1,004,000
当期純利益	1,032,000	1,146,000	1,332,000	1,440,000	1,506,000
減価償却費	250,000	260,000	270,000	250,000	220,000
総投資額	1,300,000	1,000,000	1,000,000	800,000	800,000
EBITA	1,800,000	2,000,000	2,300,000	2,500,000	2,600,000
NOPAT	1,080,000	1,200,000	1,380,000	1,500,000	1,560,000
フリーキャッシュ・フロー	30,000	460,000	650,000	950,000	980,000

　EBITA：ここでは営業利益とする。
　NOPAT：EBITA ×（1 －実効税率）
　フリー・キャッシュ・フロー：NOPAT ＋減価償却費－総投資額

③ フリー・キャッシュ・フローの現在価値の算定

　ここで，算定されたフリー・キャッシュ・フローを現在価値に割引計算する。割引率はWACCの4.3%を用いる。

（単位：千円）

	第1期	第2期	第3期	第4期	第5期	合　計
フリー・キャッシュ・フロー	30,000	460,000	650,000	950,000	980,000	3,070,000
現在価値	28,763	422,853	572,876	802,761	793,971	2,621,224

現在価値＝各期のフリー・キャッシュ・フロー÷$(1+0.043)^n$

nは年数

④ 継続価値（Continuing Value）の算定

　継続価値とは，計画期間を超える期間に帰することのできる事業の現在価値をいう。本来は計画期間終了時のフリー・キャッシュ・フローにその後の成長率を見込んでこれを計算するが，ここでは簡便法として成長率を0とする。すると，これは計画終了時のフリー・キャッシュ・フローの無限等比級数の和となるので，以下のように算定できる[7]。

> 継続価値＝計画終了時のフリー・キャッシュ・フロー÷割引率
> M社＝980,000千円÷0.043≒22,790,697千円

⑤ 事業価値の算定

> 事業価値＝フリー・キャッシュ・フローの現在価値＋継続価値
> M社＝2,621,224千円＋22,790,697千円
> 　　＝25,411,921千円

(2) **非事業性資産**

　非事業性資産とは，余剰現金，余剰有価証券や遊休資産など，事業価値とは関係なく保有している資産である。これらは事業の価値とは関係なく，評価時点で単に保有しているだけのものであるから，企業価値を求める場合にこれを時価評価して，事業価値に加算することとなる。ここではM社の非事

業性資産の合計が400,000千円であったとする。

(3) 企業価値の算定

> 企業価値＝事業価値＋非事業性資産の価値
> M社＝25,411,921千円＋400,000千円
> ＝25,811,921千円

(4) 株主資本価値の算定

　最後に株主資本価値も算定することとする。株主資本価値は企業価値から有利子負債を控除して求められる。有利子負債はWACCの計算時に3,500,000千円と示されていた。そしてM社の発行済株式数が20,000株であったとすると，株主資本価値の総額及び一株当たりの価値は以下のように算定される。

> 株主資本価値＝企業価値－有利子負債
> M社＝25,811,921千円－3,500,000千円
> ＝22,311,921千円

> 一株当たり価値＝株主資本価値÷発行済株式数
> ＝22,311,921千円÷20,000株
> ≒1,115.6千円

注

1　「環境が無情に変化する中で，変わることのない経営の大原則がある。企業価値の創造である。それは，持続的成長を実現するための王道である。」[伊藤邦雄 2014] i 頁。

2　「企業が将来にわたって生み出す利益やキャッシュ・フローをベースに，理論的かつ分析的に導き出された価値を「本源的価値」あるいは「内在価値」（intrinsic value）と呼ぶこともある。内在価値が株式市場で適切に評価されていれば，「株式時価総額（株価に発行済み株式総数をかけたもの）＝内在価値（企業価値）」となる。このことから一般には，企業価値といえば株式時価総額を指すことが多い。とはいえ，内在価値である理論的な企業価値が絶えず株式時価総額に反映されているという保証はない。もし両者の間にギャップがあれば，内在価値を株式時価総額に

反映させるために工夫や努力が必要になるし，かつ内在価値そのものを高めるための戦略的活動が必要になる。」［伊藤邦雄 2014］28頁。

3　国税庁の「相続税財産評価に関する基本通達（以下，本章では財産評価通達という）」では，188において「同族株主以外の株主等が取得した株式」を定義し，その場合には188-2において配当還元方式によって評価されるとしている。

4　財産評価通達180においては「類似業種比準方式」を定めており，そこでの計算式は以下のようになっている。

$$
A \times \left[\frac{\dfrac{Ⓑ}{B} + \dfrac{Ⓒ}{C} + \dfrac{Ⓓ}{D}}{3} \right] \times 0.7
$$

⑴　上記算式中の「A」，「B」，「C」，「D」，「Ⓑ」，「Ⓒ」及び「Ⓓ」は，それぞれ次による。

　　A＝類似業種の株価

　　B＝評価会社の一株当たりの配当金額

　　C＝評価会社の一株当たりの利益金額

　　D＝評価会社の一株当たりの純資産価額（帳簿価額によって計算した金額）

　　Ⓑ＝課税時期の属する年の類似業種の一株当たりの配当金額

　　Ⓒ＝課税時期の属する年の類似業種の一株当たりの年利益金額

　　Ⓓ＝課税時期の属する年の類似業種の一株当たりの純資産価額（帳簿価額によって計算した金額）

⑵　上記算式中の「0.7」は，中会社の株式を評価する場合には「0.6」，小会社の株式を評価する場合には「0.5」とする。

5　企業買収価値の算定の場合には，買収側の投資期待利益率を用いて計算することも多い。

6　フリー・キャッシュ・フローは，「営業活動によるキャッシュ・フロー＋投資活動によるキャッシュ・フロー」として算定することができる。具体的には以下のように考えられる。

　①　営業活動によるキャッシュ・フロー

　　　NOPAT＋減価償却費＋正味運転資本の増減

　　　＝NOPAT＋減価償却費＋売掛金の減少－買掛金の減少＋棚卸資産の減少

　②　投資活動によるキャッシュ・フロー

　　　有形固定資産に対する投資＝当期末有形固定資産の簿価－前期末有形固定資産の簿価

　　　　　　　　　　　　　　　　＋減価償却費相当額

　　　無形固定資産に対する投資＝当期末無形固定資産の簿価－前期末無形固定資産の簿価

　　　　　　　　　　　　　　　　＋減価償却費相当額

　③　フリー・キャッシュ・フロー

　　　＝①＋②

7　継続価値はこのように大きく算定されることが多い。しかしながら，計画終了以降の企業価値はないとすればこの金額は加算されない。

~~~~~~

復習問題

~~~~~~

第1章関係

問題1

　Aにあげる概念①～⑥のそれぞれについて，正しいと考えられる説明をBの(a)～(f)の中から選びなさい。

　A　概念

　　①　資産

　　②　負債

　　③　株主資本

　　④　純資産

　　⑤　収益

　　⑥　費用

　B　説明

　　(a)貸借対照表における資産の額から負債の額を控除して求められる金額である。

　　(b)利益の計算においてプラス（＋）の要因となるものである。

　　(c)調達した資金の運用形態である。

　　(d)利益の計算においてマイナス（－）の要因となるものである。

　　(e)返済が必要な資金調達である。

　　(f)返済が不要な資金調達である。

問題2

ある固定資産に対する支出を，修繕費として費用処理（「収益的支出」
ともいう。）した場合と，固定資産の取得原価に加算する処理（「資本的
支出」ともいう。）をした場合，のそれぞれについて，当期純利益に与
える影響を述べなさい。

問題3

会計における①ストック，と②フローについて説明しなさい。

第2章関係

問題4

実数分析と比率分析の意味と，それぞれの長所及び短所を述べなさい。

問題5

貸借対照表の利益剰余金について，前年との差額を計算した場合，そ
れが当期純利益もしくは当期純損失の金額と一致しないことがある。そ
の理由について，簡潔に述べなさい。

第3章関係

問題6

A社の×年度の〔資料〕は以下のとおりであったとして，以下の
〔ア〕～〔エ〕について最も適切な金額もしくは比率を計算しなさい。
会計期間は1年である。

〔資料〕		
	売上高	21,264,000千円
	負債及び純資産合計金額	17,720,000千円
	販売費及び一般管理費	5,953,920千円
	営業利益	1,488,480千円
	営業外収益	91,608千円

営業外費用	49,080千円

〔ア〕　総資産経常利益率

〔イ〕　総資産回転率

〔ウ〕　売上高経常利益率

〔エ〕　売上総利益率

問題7

　B社の×1年度の〔資料〕は以下のとおりであったとして，以下の〔ア〕から〔エ〕についても最も適当な金額もしくは比率を計算しなさい。会計期間は1年である。

〔資料〕	総資産回転率	2.0回転
	資産合計金額	5,000,000千円
	売上総利益	1,800,000千円
	営業利益	200,000千円
	営業外収益	70,000千円
	営業外費用	30,000千円

〔ア〕　売上高

〔イ〕　総資産経常利益率

〔ウ〕　売上高営業利益率

〔エ〕　売上高販売費及び一般管理費率

問題8

　C社の財務諸表2期を比較したところ，売上高，売上債権，売上原価，棚卸資産に【資料】のような変化があった。それに基づき，C社の売上，売上原価，棚卸資産関係について，それぞれまとめた下記の記述の〔ア〕から〔ケ〕についても最も適当な数値または語句を記入しなさい。なお，売上債権及び棚卸資産の数値は，期中平均額となっており，会計期間は1年（12か月）である。また，記述中は×2年3月期を「前期」，

×3年3月期を「当期」としている。

【資料（単位：千円）】

事業年度	売上高	売上債権	売上原価	棚卸資産
×2年3月期	7,356,000	1,226,000	5,517,000	459,750
×3年3月期	7,272,000	1,818,000	5,817,600	1,212,000

売上高はほぼ前年と同じであるが，売上債権回転期間は，前期の〔 ア 〕か月から，当期は〔 イ 〕か月となっており，〔 ウ 〕している。これについては，取引条件の変更，〔 エ 〕の発生，臨時的な売上計上等があったかを確認する必要がある。

また売上原価率は前期が〔 オ 〕％であったのに対し，当期は〔 カ 〕％となっており，仕入価格の上昇，販売単価の下落等が期中において生じたと考えられる。

さらに棚卸資産回転期間は前期の〔 キ 〕か月から，当期は〔 ク 〕か月と，これも〔 ウ 〕しており，仕入価格の上昇以外に，商品の売れ行きの悪化，〔 ケ 〕等の存在を確認する必要がある。

第4章関係

問題9

D社の【資料】が以下のとおりであったとして，①〜⑧の金額もしくは比率を計算しなさい。

① 粗付加価値（千円）

② 労働生産性（千円）

③ 一人当たり売上高（千円）

④ 付加価値率（％）

⑤ 労働装備率（千円）

⑥ 設備生産性（％）

⑦ 人件費水準（一人当たり人件費：千円）

⑧ 労働分配率（％）

【資料（単位：千円)】

営業利益	800,000
人件費	2,650,000
賃借料	300,000
租税公課	58,000
減価償却費	192,000
売上高	12,500,000
従業員数（人）	625
有形固定資産	2,500,000

第5章関係

問題10

　E社の貸借対照表が以下のとおりであったとして，〔ア〕流動比率（%），〔イ〕固定比率（%），〔ウ〕株主（自己）資本比率（%）を算定しなさい。なお，資産は流動資産と固定資産のみであり，株主資本以外の純資産はない。

貸借対照表（単位：円）			
流動資産	?	流動負債	80,000,000
固定資産	168,000,000	固定負債	?
		株主資本合計	126,000,000
資産合計	?	負債・純資産合計	280,000,000

第6章関係

問題11

　F社の×4年3月期の〔資料〕は以下のとおりであったとして，以下の〔ア〕〜〔エ〕について最も適切な金額を計算しなさい。

〔資料〕

売上高	2,500,000,000円
変動費	1,875,000,000円
固定費	562,500,000円
営業利益	62,500,000円

〔ア〕　F社の×4年3月期における損益分岐点の売上高。

〔イ〕　F社の×4年3月期における営業（もしくは経営）レバレッジ。

〔ウ〕　〔ア〕で算定した損益分岐点における変動費の金額。

〔エ〕　〔ア〕で算定した損益分岐点における限界利益の金額。

〔オ〕　変動費率と固定費が不変とした場合に，営業利益が120,000,000円と算定される売上高。

〔カ〕　変動費率と固定費が不変とした場合に売上高営業利益率が10％となるような売上高。

〔キ〕　売上高が2,000,000,000円に下落し，変動費率が78％となった場合において，40,000,000円の営業利益が算定されるために，必要となる固定費の削減額。

第7章関係

問題12

　G社の〔資料〕は以下のとおりであったとして，以下の〔ア〕から〔ウ〕についても最も適当な金額を算定しなさい。会計期間は1年である。ただし，消費税は考慮しないものとする。

〔資料〕

貸借対照表項目	前　期　末	当　期　末
売上債権	624,250千円	630,500千円
仕入債務	821,700千円	822,500千円
棚卸資産	844,700千円	913,100千円
未払給与	28,700千円	29,350千円

損益計算書項目	当期発生額
売上原価	5,478,600千円
売上総利益	1,369,650千円
給与手当	1,020,650千円

〔ア〕　営業収入額

〔イ〕　仕入支出額

〔ウ〕　給与の支払額

問題13

H社の〔資料〕は以下のとおりであったとして，以下の〔ア〕～〔ウ〕について最も適切な金額を算定しなさい。会計期間は1年である。なお，売上債権と仕入債務については消費税込み（税率は10%）の数値となっており，売上高・売上原価・棚卸資産については消費税抜きの金額となっている。

〔資料〕

貸借対照表項目	前　期　末	当　期　末
売上債権	880,000千円	1,210,000千円
仕入債務	770,000千円	660,000千円
棚卸資産	986,000千円	1,067,000千円
未払給与	38,000千円	35,000千円

損益計算書項目	当期発生額
売上高	5,400,000千円
売上原価	4,050,000千円
給与手当	470,000千円

〔ア〕　営業収入額（消費税抜き）

〔イ〕　仕入支出額（消費税抜き）

〔ウ〕　給与の支払額

第8章関係

問題14

　内部統制の基本的な要素をあげなさい。

第9章関係

問題15

　月次決算と本決算の関係について述べなさい。

問題16

　経営計画において，予想損益計算書だけではなく，予想キャッシュ・フロー計算書の作成も必要とされる理由を述べなさい。

第10章関係

問題17

　以下の設備投資を行ってよいかを「現在価値法」によって判断しなさい。

　この設備投資の期待利回りは5％とし，その現価係数は下記のとおりであり，5年目の現金流入で投資の回収は終了する。

　　1年　0.9524　　2年0.9070　　3年0.8638

　　4年　0.8227　　5年0.7835

　　① 原始投資額　　　　　　　　20億円

　　② 現金流入額　1年目　　　　2億円

　　　　　　　　　　2年目　　　　4億円

　　　　　　　　　　3年目　　　　5億円

　　　　　　　　　　4年目　　　　5億円

　　　　　　　　　　5年目　　　　6億円

第11章関係

　　以下の〔資料１〕及び〔資料２〕に基づいて，×５年３月31日現在におけるＳ社の一株当たりの評価額（企業価値）を（１）時価純資産方式（税引き後），（２）類似会社批准価格方式によってそれぞれ算定しなさい。

〔資料１〕

S社貸借対照表（単位：千円）			
流動資産	1,500,000	流動負債	850,000
固定資産	780,500	固定負債	350,000
土　　地	300,000	純資産	1,080,500
建　　物	420,000	（うち当期純利益80,000）	
その他	60,500		
資産合計	2,280,500	負債・純資産合計	2,280,500

・Ｓ社の発行済株式数は20,000株である。

・×５年３月31日における土地及び建物の時価は下記のとおりであった。

　　　　土　　地　　500,000千円

　　　　建　　物　　250,000千円

　　その他の資産及び負債については，評価替えを行わないものとする。

・実効税率は35％とする。

〔資料２〕

　　Ｓ社の類似会社となるＥ社のデータ（発行済株式を20,000株として換算している）

　　　　一株当たりの株価　　　　　75千円

　　　　一株当たりの当期純利益　　　5千円

　　　　一株当たり簿価純資産　　270.125千円

【解答】

第1章関係

問題1

A 概念	B 説明
① 資産	(c) 調達した資金の運用形態である。
② 負債	(e) 返済が必要な資金調達である。
③ 株主資本	(f) 返済が不要な資金調達である。
④ 純資産	(a) 貸借対照表における資産の額から負債の額を控除して求められる金額である。
⑤ 収益	(b) 利益の計算においてプラス（＋）の要因となるものである。
⑥ 費用	(d) 利益の計算においてマイナス（－）の要因となるものである。

問題2

① 修繕費として費用処理した場合

ある固定資産に対する支出を修繕費として費用処理した場合には，その部分がそれまでの費用に加算され，収益から控除される部分が増加するので，当期純利益は減少する。

② 固定資産の取得原価に加算する処理をした場合

ある固定資産に対する支出を取得原価に加算する処理をした場合には，その部分がそれまでの資産に加算されることになるが，一方で同額の資産が減少するか負債が増加するため純資産に影響を与えない。そして収益から控除される費用は増加しないので，当期純利益にも影響は与えない。ただし，取得原価の増加に対応した減価償却費は増加するので，その部分の費用増加は生じることになる。

問題3

① ストックとは一定時点での有高を示す概念であり，会計においては資産・負債・純資産の項目がこれに該当する。すなわち，貸借対照表を構成するものの概念である。

　ストックは，水を管理するダムに例えれば，ある時点（○○年○月○日×時×分現在）における貯水量である。

② フローとは，一定期間における変動量を示す概念であり，会計においては収益・費用が基本的に該当し，損益計算書を構成するものの概念である。また，現金及び現金同等物の流入・流出もフローとして捉えられ，これは「キャッシュ・フロー計算書（第7章参照）」として表示される。

　フローは，水を管理するダムに例えれば，ある期間（一日，一週間，年間等）における水の流入量と流出量である。

第2章関係

問題4

　実数分析とは，財務諸表に記載された数値を絶対値としてそのまま利用して経営分析を行うものである。これは同一企業の期間比較分析には有効であるという長所があるが，企業間比較という観点からは，規模の違いなどを考慮しなければ的確な判断ができないという短所がある。

　比率分析とは，財務諸表に記載されている相互に関係ある項目間の金額割合を算定して求めた「比率」を用いて経営分析を行うものである。比率分析は相対的評価であるため，実数分析のような絶対的な判断はできないという短所があるが，企業間比較では企業規模が異なっても比率自体は単純に比較できる長所がある。

問題5

　貸借対照表における利益剰余金について，前期と当期の差額を計算した場合には，当該金額が損益計算書において表示されている当期純利益（あるいは当期純損失）と一致することが考えられる。ただし，利益剰余金について当期純利益以外の増減額が生じている場合にはこれらは一致しない。

　当期純利益以外の増減額には以下のようなものがある。

　　　① 利益剰余金の配当による減少

　　　② 「利益剰余金」と，「資本金及び資本剰余金」間の振替

③　自己株式の処分差額

④　その他

　よって，貸借対照表の増減と損益計算書の整合性を確認する場合には，これらの事項を考慮する必要がある。

第3章関係

問題6

経常利益＝営業利益＋営業外収益－営業外費用＝1,531,008千円

〔ア〕　総資産経常利益率＝1,531,008千円÷17,720,000千円＝8.64％

〔イ〕　総資産回転率＝21,264,000千円÷17,720,000千円＝1.2回転

〔ウ〕　売上高経常利益率＝1,531,008千円÷21,264,000千円＝7.20％

　　　　売上総利益＝営業利益＋販売費及び一般管理費＝7,442,400千円

〔エ〕　売上総利益率＝7,442,400千円÷21,264,000千円＝35％

問題7

〔ア〕　売上高＝資産合計×総資産回転率＝10,000,000千円

　　　　経常利益＝営業利益＋営業外収益－営業外費用＝240,000千円

〔イ〕　総資産経常利益率＝240,000千円÷5,000,000千円＝4.8％

〔ウ〕　売上高営業利益率＝営業利益÷売上高＝2％

　　　　販売費及び一般管理費＝売上総利益－営業利益＝1,600,000千円

〔エ〕　売上高販売費及び一般管理費率＝16％

問題8

〔ア〕　2　〔イ〕　3　〔ウ〕　長期化　〔エ〕　不良債権　〔オ〕　75

〔カ〕　80　〔キ〕　1　〔ク〕　2.5　　　〔ケ〕　不良在庫

第4章関係

問題9

① 　4,000,000　　　② 　　6,400　　　③ 　20,000　　　④ 　32

⑤ 　　　4,000　　　⑥ 　　　160　　　⑦ 　4,240　　　⑧ 　66.25

第5章関係

(問題10)

〔ア〕 140　　〔イ〕 75　〔ウ〕 45

固定負債＝負債・純資産合計－流動負債－株主資本合計＝74,000,000

流動資産＝負債・純資産合計－固定資産＝112,000,000

第6章関係

(問題11)

〔ア〕 変動費率＝1,875,000,000÷2,500,000,000＝0.75

損益分岐点の売上高＝固定費÷（1－変動費率）

$\qquad$＝562,500,000円÷0.25＝2,250,000,000円

〔イ〕 限界利益（2,500,000,000円－1,875,000,000円）＝625,000,000円

営業レバレッジ＝営業利益62,500,000円÷限界利益＝10％

〔ウ〕 損益分岐点における変動費

$\qquad$＝2,250,000,000円×0.75＝1,687,500,000円

〔エ〕 損益分岐点における限界利益＝固定費＝562,500,000円

〔オ〕 固定費＋120,000,000円＝682,500,000円

目標売上高　682,500,000円÷0.25＝2,730,000,000円

〔カ〕 売上高－変動費－固定費＝売上高×0.1

売上高×0.9－変動費－固定費＝0

売上高（0.9－0.75）＝562,500,000円

目標売上高＝562,500,000円÷0.15＝3,750,000,000円

〔キ〕 限界利益2,000,000,000円×0.22＝440,000,000円

営業利益40,000,000円＝限界利益－固定費

　よって，固定費は400,000,000円となり，162,500,000円を削減しなければならない。

※本問題について，「与えられている条件」をワークシートで示すと下記のようになる。

　このように〔ア〕〔オ〕〔キ〕の解は加算・減算で算定可能であり，〔カ〕の解も営業利益と売上高の関係が1：0.1であることに着目すればよい。

	×4年3月期数値	〔ア〕	〔オ〕	〔カ〕	〔キ〕
売上高	2,500,000,000				2,000,000,000
変動費	1,875,000,000			売上高×0.75	1,560,000,000
限界利益	625,000,000	562,500,000	682,500,000	562,500,000	440,000,000
固定費	562,500,000	562,500,000	562,500,000	562,500,000	
営業利益	62,500,000	0	120,000,000	売上高×10%	40,000,000
変動費率	0.75	0.75	0.75	0.75	0.78
限界利益率	0.25	0.25	0.25	0.25	0.22

第7章関係

問題12

（1）〔ア〕 6,842,000千円

売上高＝売上原価＋売上総利益

$\qquad$ ＝5,478,600千円＋1,369,650千円＝6,848,250千円

営業収入額＝売上高＋前期末売上債権－当期末売上債権

〔イ〕 5,546,200千円

仕入額＝売上原価＋当期末棚卸資産－前期末棚卸資産

$\qquad$ ＝5,478,600千円＋913,100千円－821,700千円＝5,547,000千円

仕入支出額＝仕入額＋前期末仕入債務－当期末仕入債務

〔ウ〕 1,020,000千円

給与支払額＝給与手当＋前期末未払給与－当期末未払給与

問題13

〔ア〕 5,000,000千円

営業収入額（消費税抜き）＝売上高5,400,000千円

$\qquad$ ＋前期末売上債権（消費税抜き）700,000千円

$\qquad$ －当期末売上債権（消費税抜き）1,100,000千円

〔イ〕 4,231,000千円

仕入支出額（消費税抜き）＝売上原価4,050,000千円

$\qquad$ ＋当期末棚卸資産1,067,000千円

$\qquad$ －前期末棚卸資産986,000千円

$\qquad$ ＋前期末仕入債務700,000千円

　　　　　　　－当期末仕入債務600,000千円

〔ウ〕　473,000千円

　　　給与は消費税が非課税である。

　　　給与の支払額＝給与手当＋前期末未払給与－当期末未払給与

第8章関係

内部統制の基本的要素は以下のようになる。

（1）　統制環境

　　　統制環境とは，組織の気風を決定し，組織内のすべての者の統制に対する意識に影響を与えるとともに，他の基本的要素の基礎をなし，リスクの評価と対応，統制活動，情報と伝達，モニタリング及びITへの対応に影響を及ぼす基盤をいう。統制環境としては，例えば，次の事項が挙げられる。

　　　①　誠実性及び倫理観

　　　②　経営者の意向及び姿勢

　　　③　経営方針及び経営戦略

　　　④　取締役（理事）会及び監査役（監事）の有する機能

　　　⑤　組織構造及び慣行

　　　⑥　権限及び職責

　　　⑦　人的資源に対する方針と管理

（2）　リスクの評価と対応

　　　①　リスクの評価

　　　　　リスクの評価とは，組織目標の達成に影響を与える事象について，組織目標の達成を阻害する要因をリスクとして識別，分析及び評価するプロセスをいう。

　　　②　リスクへの対応

　　　　　リスクへの対応とは，リスクの評価を受けて，当該リスクへの適切な対応を選択するプロセスをいう。

（3）　統制活動

　　　統制活動とは，経営者の命令及び指示が適切に実行されることを確保するために定める方針及び手続をいう。

（4）　情報と伝達

　　情報と伝達とは，必要な情報が識別，把握及び処理され，組織内外及
び関係者相互に正しく伝えられることを確保することをいう。
（5）　モニタリング
　　モニタリングとは，内部統制が有効に機能していることを継続的に評
価するプロセスをいう。モニタリングにより，内部統制は常に監視，評
価及び是正されることになる。
（6）　IT への対応
　　IT への対応とは，組織目標を達成するために予め適切な方針及び手続
を定め，それを踏まえて，業務の実施において組織の内外の IT に対し適
切に対応することをいう。

第9章関係

問題15

　　月次決算は正確な月次損益の算定及び年度損益の予想のために，本決算に
準する手続で行う事が必要とされ，かつ，役員会等の承認を得た後でのむや
みな訂正は慎まれるべきである。そして，本決算時点での恣意性を排除する
意味でも，できるだけ月次決算の合計＝年度決算となるようにすべきである。

問題16

　　収益≠収入，費用≠支出ではないために，損益（収益−費用）予算につい
て利益が計上できているように作成されていても，実際の営業上の資金収支
（収入−支出）である営業取引に係るキャッシュ・フローがプラスになるとは
限らない。例えば，営業利益は増加していても，売上代金の回収期間が長い
場合などは，資金がショートしてしまうこともある。よって，経営計画を作
成する場合には，損益計画だけではなく，キャッシュ・フロー計画も併せて
作成する必要がある。

第10章関係

問題17

　　設備投資は行うべきではない。なぜなら20億円の投資に対して，期待投資
利益率を5％としたときの正味現在価値による回収額は1,866,630,000円
（Excel による計算では1,866,673,718円）であり，期待投資利回りを実現でき
ないからである。

	現金流入額（円）	原価係数	正味現在価値（円）
1年目	200,000,000	0.9524	190,480,000
2年目	400,000,000	0.9070	362,800,000
3年目	500,000,000	0.8638	431,900,000
4年目	500,000,000	0.8227	411,350,000
5年目	600,000,000	0.7835	470,100,000
合　計	2,200,000,000		1,866,630,000
	Excelによる計算		¥1,866,673,718

第11章関係

問題18

（1）　時価純資産方式	単位：千円	計算過程
A　簿価純資産	1,080,500	貸借対照表の純資産額
B　土地建物の時価	750,000	＝土地500,000＋建物250,000
C　土地建物の簿価	720,000	＝土地300,000＋建物420,000
D　評価差額に対する税額	10,500	＝（750,000－720,000）×0.35
E　時価純資産額	1,100,000	＝A＋B－C－D
一株当たり純資産額	55	＝E÷20,000

（2）　類似会社批准方式		
当期純利益	0.8	＝（80,000÷20,000）／5
簿価純資産	0.2	＝（A÷20,000）/270.125
一株当たり比準株価	37.5千円	＝75×（0.8＋0.2）÷2

参考・引用文献

伊藤邦雄.『新・企業価値評価』. 日本経済新聞出版社, 2014.

乙政正太.『財務諸表分析　第 3 版』. 同文舘出版, 2019.

江頭憲治郎.『株式会社法　第 8 版』. 有斐閣, 2021.

岡本清.『原価計算　六訂版』. 国元書房, 2000.

落合誠一.『会社法要説　第 2 版』. 有斐閣, 2016.

カーソン, レイチェル.『沈黙の春』. 新潮社, 1962, Kindle 版, 2016.

環境省.「図で見る環境白書」, 2013.

斎藤幸平.『人新世の「資本論」』. 集英社, Kindle 版, 2020.

桜井久勝.『財務会計講義　第23版』. 中央経済社, 2022.

桜井久勝.『財務諸表分析　第 8 版』. 中央経済社, 2020.

櫻井通晴.『管理会計　第七版』. 同文舘出版, 2019.

中野剛志.『奇跡の社会科学――現代の問題を解決しうる名著の知恵』
　　（PHP 新書）PHP 研究所, Kindle 版, 2022.

延岡健太郎・岩崎孝明.「ビジネスケース×キーエンス――驚異的な業績を
　　生み続ける経営哲学」『一橋ビジネスレビュー e 新書』No. 07, Kindle
　　版, 2014.

ハラリ, ユヴァル・ノア.「Plant the Right Seeds」『CNN, English Express』
　　2023年 4 月号, 2023.

広瀬義州.『財務会計　第13版』. 中央経済社, 2015.

廣本敏郎・挽文子.『原価計算論　第 3 版』. 中央経済社, 2015.

BMW GROUP. *ANNUAL REPORT*, 2020, 2021.
　　https://www.bmwgroup.com/content/dam/grpw/websites/bmwgroup
　　_com/ir/downloads/en/2022/bericht/BMW-Group-Report-2021-en.pdf
　　［アクセス日：2023年 2 月 1 日］.

Penman, S. H. *Financial Statement Analysis and Security Valuation*, 5th Edition. McGraw-Hill, 2013.

Robinson, T. R., Henry, E., Pirie, W. L., Broihahn, M. A., and Cope, A. T., *International Financial Statement Analysis*, 3rd Edition. Wiley, 2015.

WingArk1st. 「人口の3.5％が動けば世界が変わる。非暴力的に社会を変える「3.5％ルール」とは？」

https://data.wingarc.com/three-point-five-percent-rule-47547

［アクセス日：2023年3月3日］.

索　引

■ 著者紹介

平 野 秀 輔（ひらの しゅうすけ）

博士（学術・中央大学）・公認会計士・税理士
昭和35（1960）年千葉県生まれ
昭和57年日本大学商学部卒業後，太田昭和監査法人勤務，横山
公認会計士事務所勤務，新橋監査法人代表社員を経て，現在は
RSM汐留パートナーズ税理士法人代表社員，平野公認会計士
事務所主宰として長年にわたり監査・税務・会計・IPO等の実
務に携わる。その一方で，大学・官庁・一般企業・JA全国教
育センター等における会計教育にも精力的に取り組み，農業協
同組合監査士資格試験委員，農業協同組合内部監査士検定試験
委員等も務める。平成26年博士（学術（Ph. D.）・中央大学）。
趣味はフライフィッシング。日本だけでなく，巨大魚を求めて
ノルウェー，モンゴルなど釣り歩く。
著書 『非上場株式に関する相続税・贈与税の問題点：応能負
担原則からの考案と分離型の導入』（白桃書房），『財務
会計（第6版）』（白桃書房），『例解農協簿記（第7版増
補版）』（全国共同出版），『法人税法「別段の定め」の基
本（共著：白桃書房），『複式簿記の理論とJA簿記』（共
著：白桃書房），『農業協同組合の法人税・消費税』（共
著：中央経済社）など多数。
HP http://www.ac-hirano.com

■ **財務管理の基礎知識（第4版）** 〈検印省略〉

■ 発行日──2004年 6 月16日　初　版　発　行
　　　　　 2008年10月26日　第 2 版　発　行
　　　　　 2011年 4 月 6 日　第2版増補版発行
　　　　　 2017年 5 月16日　第 3 版　発　行
　　　　　 2023年 6 月26日　第 4 版　発　行

■ 著　者──平野秀輔

■ 発行者──大矢栄一郎

■ 発行所──株式会社 白桃書房
　　　　〒101-0021　東京都千代田区外神田5-1-15
　　　　☎03-3836-4781　📠03-3836-9370　振替00100-4-20192
　　　　https://www.hakutou.co.jp/

■ 印刷・製本──藤原印刷

© HIRANO, Shusuke 2004, 2008, 2011, 2017, 2023 Printed in Japan
ISBN978-4-561-35231-0 C3034